장자, 순간 속 영원

장자, 순간 속 영원

정진배 지음

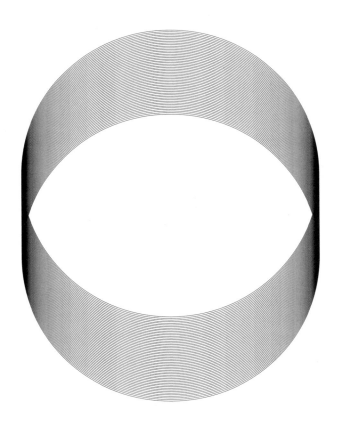

문학동네

'위대한 순간'은 문학동네와 연세대학교 인문학연구원이 함께 펴
내는 새로운 인문교양 총서이다. 이 총서는 문학, 역사, 철학 분야
에서 중요한 이정표가 되는 인물이나 사건을 현재적 관점에서 새
롭게 조명해보자는 취지에서 출발했다. '지금 여기'의 생동하는 삶
에 지혜가 되지 못하는 지식은 공허하다. 우리는 한 사회의 개인
이나 사건의 특수성이 역사와 맞물려 보편성을 획득하는 의미 있
는 정점을 '위대한 순간'이라 명하고, 그것이 과거의 유산에 머물
지 않고 지금까지도 지대한 영향을 미치면서 여전히 '위대한 순
간'으로 남을 수밖에 없는 이유를 면밀히 추적하고자 한다. 이를
통해 과거의 빛나던 순간들의 의미를 독자들과 함께 음미하고, 다
가올 시간을 위대한 순간으로 빚을 수 있는 인문정신의 토양을 일
구고자 한다.

오늘날 인문학은 스스로 자신의 존재이유를 입증하지 않는 한
도태와 쇠퇴로부터 자유로울 수 없다. 한국사회에 비판적 '교양'이
설자리를 마련하고 이를 통해 인간다움을 복원시킬 문화적 자양
분을 제공하지 않는다면 인문학뿐 아니라 우리의 사회 또한 척박
한 내일과 조우하게 될 것이다. '위대한 순간'은 우리 모두가 이러
한 위기를 슬기롭게 극복할 수 있도록 '즐거운 학문'의 장을 열고

자 한다. 상아탑에 갇힌 학문이 모두를 이롭게 하는 복음이 될 때 '즐거운' 학문이 될 수 있다는 판단하에 전문성과 대중성의 조화로운 통합을 시도했다. 또한 연세대학교 인문학연구원의 풍부한 연구진과 국내 학계의 훌륭한 저자들을 두루 포섭하여 주제를 다양화하고 내용의 폭을 넓혔다.

인문학의 기초를 다지고 싶은 이들, 인문학에 관심은 있으나 입구를 찾지 못한 사람들에게 '위대한 순간'은 좋은 길잡이가 될 것이다. 각기 다른 위대한 순간들을 한 순간씩 맛보다 보면 어느 순간 인문학을 아는 것에서 한 걸음 더 나아가 인문학을 실천하는 자신을 발견하게 되리라 믿는다. '위대한 순간'들을 탐사하는 이 지적 여행에 많은 독자들이 함께하기를.

연세대학교 인문학연구원

차례

장 자 로 떠 나 는 여 행

동서고금의 고전은 하늘天과 자연地과 인간人에 대한 깊은 통찰
을 보여준다. 우리는 고전을 읽으며 난세를 헤쳐가는 지혜와 교
훈을 얻는다. 고전이 우리에게 전하는 메시지는 누구나 쉽게 공
감할 수 있다. 예를 들어 '너희 부모를 공경하라'라든가 '도둑질
하지 말라'는 십계명의 내용은 기독교라는 종교적 믿음 체계를
떠나서도 보편적 울림을 갖는다. 그런데 이와는 달리 고전이 전
하는 메시지가 역설적인 경우도 있다. 가령 『도덕경』에서 노자
는 '약하고 부드러운 것이 강한 것을 이긴다柔弱勝剛强'라고 논
하는데, 이는 얼핏 보면 우리가 상식적으로 생각하는 차원의 사
실과는 상반된다. 좀더 극단적 사례로 '사람들이 모두 아름답다
고 하는 것이 사실은 추한 것임을 알지 못한다天下皆知美之爲美
斯惡己'라는 노자의 명제를 살펴보자. 여기에 함의된 바를 추론

하기 위해서는 먼저 노자 사상의 기본전제를 충분히 숙지할 필
요가 있다.

외견상 사람들이 생각하는 일반적 원칙이나 견해에 위배되지
만 이를 통해 오히려 깊은 뜻을 전달하는 기법을 문학에서는 '역
설'이라고 한다. 장자 철학이 난해한 이유 중 하나는 책의 전편
이 역설의 진리로 가득 채워져 있기 때문이다. 장자의 많은 우
화들이 그 진의가 올바로 파악되지 못한 채 회자되는 것은 이
때문이다. 가령 「덕충부德充符」(제5편)에서 장자가 혜자에게 '인
간은 감정이 없다人故無情'라고 주장하는 것이나 「제물론齊物論」
(제2편)에서 '천하에는 가을철 짐승의 털끝보다 큰 것이 없다天
下莫大於秋毫之末'라고 하는 것은 모두 우리의 일반적 상식을 넘
어선다. 이 둘은 공히 역설적 진리를 내포하는 명제이다.[1] 이 책
은 이렇듯 장자의 사상이 우화나 비유를 통해 고차원적 진리를
담아내는 사례들을 집중적으로 조명할 것이다. 『장자』라는 텍
스트는 현란한 문학성과 더불어 내용 또한 심오하여 표층적 의
미 아래 감춰진 함의를 파악하는 것이 쉽지 않다.

여기서 이 책의 구성에 대해 잠시 설명하고자 한다. 우선 서
론에서는 최대한 사견을 배제하고 『장자』 전편의 요지에 비추
어 행간에 감춰진 의미를 드러내고자 노력했다. 그럼에도 불구
하고 내 주관적 관점이 불가피하게 개입된 경우가 있겠으나, 이
는 『장자』의 우화에 대한 하나의 가능한 해석으로 받아들이면
좋을 듯하다. 책의 본론에서는 『장자』 '내편內篇'[2]의 일곱 편을
기본 텍스트 삼아 각 편의 핵심 내용을 주제별로 간추린 다음,
각 주제의 의미가 축약적으로 드러난 원문을 발췌해 인용하고

그에 대한 우리말 번역을 곁들였다. 한편 각 장에서 별도로 제시한 영문 번역을 통해 『장자』를 읽는 것은 새로운 차원의 독서 경험이 될 수 있을 것이다. 하이데거의 성찰처럼 언어가 "존재의 둥지"라면, '영어로 읽는 『장자』'는 흡사 치즈를 안주 삼아 고량주를 마시는 것만큼이나 기묘한 결합이 될 수 있다.[3]

마흔 개의 소주제를 선정하는 과정에서 일차적으로 염두에 둔 것은 장자 사상의 현재성이었다. 2,500여 년 전에 출현한 『장자』라는 책은 오늘을 사는 현대인의 근원적 관심사에도 맞닿아 있다. 우리는 시공을 뛰어넘어 매순간 살아 숨쉬는 고전을 만나는 동시에 우리가 현재 당면한 문제들에 대한 혜안을 가질 수 있을 것이다.

장자는 인간의 불행과 고통의 원인이 나와 세계에 대한 그릇된 생각에서 비롯된다고 지적한다. 가령 내가 '지금, 여기'에서 '불행하다'고 느낀다면, 그 같은 생각이 내 불행의 일차적 원인이다. 바꾸어 말하자면 세계에는 고정된 실체가 없으며, 오히려 내 생각이 나를 에워싼 세계이다. 생각하는 주체로서의 '나'조차도 실제로는 내 기억이 만들어낸 허상일 뿐이다. 이러한 방식으로 지금 내가 여기에서 경험하는 다양한 사태들을 분석하다 보면 결국 우리 삶을 에워싸고 있는 무수한 문제들이 종적도 없이 소멸된다. 즉 애초에 나를 괴롭혔던 문제가 해결된 것은 아니지만, 그 문제 자체가 더이상 나에게 의미가 없어지는 것이다. 내가 볼 때 장자가 우리에게 전하고자 하는 메시지는 예토穢土[4]를 파괴하여 정토淨土를 건설하라는 지상명령이 아니다. 오히려 지금 존재하는 그 자체로 이미 장엄한 '세계의 장엄함'

을 단지 눈을 뜨고 응시하라는 것이다.

 장자의 현재성과 더불어 내가 주목하고자 한 것은 중층적 함의를 지닌 사상을 쉽게 전달하는 탁월한 서사적 장치다. 이를 현대적 개념으로 치환하면 장자 사상에 깃든 '문학성'이라 부를 수 있다. 물론 엄밀한 의미에서 텍스트의 내용과 형식은 상호 분리해 사유할 수 있는 것이 아니다. 따라서 『장자』의 원문을 일차적으로 자세히 음미한 후 거기에 대한 설명을 읽어나갈 것을 권한다. 현란한 수사와 문학적 장치 속에 감춰진 장자의 사상을 찾아내는 것은 일종의 퍼즐게임과 같다. 독자는 자신의 상상력을 통해 이 책이 제시하는 설명보다 몇 십 배 더 풍부한 그림을 그려낼 수 있다. 이 같은 전제가 가능한 것은 『장자』가 기본적으로 '이야기'이기 때문이다. 이야기의 의미는 '하나'의 해석으로 귀결될 수 없다.[5] 즉 장자 이야기가 장자에 '대한' 이야기를 잉태하고, 그러한 과정에서 모든 독자가 익명의 장자로 새롭게 태어날 것이다. 나는 이 책이 '장자의 이야기'와 '장자에 대한 이야기'의 중간 지점쯤에 위치하기를 내심 고대한다. 그 같은 내용적 미확정성이 이야기의 본질에 가장 근접하기 때문이다.

 이 책에서 임의로 선별한 마흔 개의 이야기는 반드시 순서대로 읽을 필요가 없다. 실제로 이 책을 여러 번 읽다 보면 외견상 다양한 주제들이 그 근본에서는 결국 '하나'의 주제에 대한 서로 다른 이야기임을 체득하게 될 것이다. 하나의 주제를 백 가지 서로 다른 이야기로 서술해낼 수 있는 것이 장자의 탁월한 문학성이라면, 백 가지 서로 다른 이야기가 하나의 주제로 귀결되는 것은 장자의 위대한 사상성이다. 「제물론」 말미에서 장자는 '장주 꿈속에 나타난 나비'와 '나비 꿈속의 장주'를 극명하게 대비시킨다. 그러나 장주와 나비로 벌어진 중중무진重重無盡[6]의 세계는 물화物化[7]적 사유를 통해 극적으로 재결합된다. '지금, 여기' 존재하는 모든 개별적 생명이 대자연의 장엄한 순환과정 속에 섬광처럼 나타난 찰나적 순간에 불과하다면, 순간적 존재로서의 '나'가 어찌 순간 너머의 영원을 상상할 수 있을 것인가. 그런데 혹여 꿈꾸는 장주가 사라지면 장주 꿈속에 나타났던 나비도 함께 사라지는 것은 아닐까. 그리하여 '순간'으로서의 나비와 장주가 같이 사라질 때, 실체 없는 텅 빈 물화의 과정만이 '영원'을 가장한 채 남는 것은 아닐까. 어쩌면 '장자 이야기'는 이러한 상상에서 비롯된 것인지도 모른다. 인류 문명이 상상을 통해 끊임없이 발전해왔다면, 엄밀한 의미에서 '상상'은 (새로운) 현실을 잉태하는 모체이다. 이 책을 통해 우리는 기본적으로 장자의 상상을 함께 상상할 것이다. 그럼에도 불구하고 여기에 수록된 마흔 개의 짧은 글 속에서 영원을 보아내는 것은 결국 독자의 몫으로 남는다.

『장자』, 현대성의 '거울' 이미지

장자 철학에 대한 연구는 동아시아의 문화적 원류에 대한 심층 문법의 탐구와 무관하지 않다. 이를 통해 우리는 동서양을 사상적으로 매개할 수 있는 새로운 인식론적 패러다임을 주체적으로 모색해볼 수 있다. 기본적으로 서구 현대성 담론에 대한 철학적 반反테제로 장자 사상을 설정하는 것이 가능하다. 중국 5·4운동기(1919) 근대 지식인들이 자국의 전통을 반봉건-식인주의食人主義의 이름으로 전유했다면,[8] 장자는 현대성의 주체가 전통을 타자화하는 바로 그 지점에서 동일한 인식론적 전유가 발생하고 있음을 해체적이고 해학적으로 제시하고 있다.[9] 일례로 「소요유逍遙遊」(제1편)에 등장하는 메추라기는 붕새의 경지를 엿보지 못하나, 붕새 또한 메추라기의 경지를 알지 못한다. 상대적 관점에서 논하자면 '큰 지혜大知'와 '작은 지혜小知'는 서로 차별상을 갖지만, 양자가 외물外物에 속박된 '의존적' 존재라는 점에서는 하등의 차이가 없다. 붕새가 자신의 '큼'을 빙자하여 메추라기를 조롱하듯, 메추라기도 자신의 '작음'에 빗대어 붕새를 조롱하는 것이다.(小知不及大知, 大知不及小知) 즉 '나'의 관점에서 대상을 타자화하려는 시도는 대상에 의해 '내'가 타자화되는 사례와 필연적으로 맞물려 있다.[10] 이 같은 논리는 「제물론」에서 더욱 명시적으로 드러난다. '제물론'은 '뭇 논쟁物論'을 '가지런히齊'한다는 뜻인데, 장자에 따르면 이를 위한 모든 언설은 실제로 논쟁에 또다른 논쟁을 보태는 격이며, 따라서 진정한 '제물론'은 모든 논쟁이 논쟁 없음에서 비롯됨을 자각하는 것이다.

『장자』 전편의 서사 기법은 대체로 우언寓言, 중언重言, 치언卮言[11]으로 분류하여 설명할 수 있으나, 정작 장자가 도를 드러내는 방식은 '차연'[12]과 '침묵'의 미학에 의존하는 측면이 강하다. 「제물론」의 도입부에서 안성자유가 스승인 남곽자기에게 '사람의 피리소리(인뢰人籟)'와 '대지의 피리소리(지뢰地籟)'의 근거가 되는 '하늘의 피리소리(천뢰天籟)'[13]를 묻자 남곽자기는 이렇게 답한다.

> 무릇 〔바람이〕 온갖 물상에 불어 각자가 하나의 개체가 되거늘, 모두 스스로 소리를 취했다고 하나 정작 소리를 내게 하는 것은 누구인가?(「제물론」)

인뢰, 지뢰, 천뢰에 대한 문답은 여기서 끝나지만 정작 문제의 핵심이 되는 천뢰에 대해 장자는 일언반구의 언급도 없다. 오히려 스승인 남곽자기는 '만물로 하여금 소리를 내게 하는 것은 누구인가?'라고 반문함으로써 외견상 문제의 궁금증을 증폭시킬 뿐이다. 그러나 장자 철학의 묘한 곳은 바로 여기에 있다. 장자는 말할 수 없는 것을 말하지 않음을 통해 말했다. 무언이언無言而言이요, 언이무언言而無言인 셈이다. 결과론적으로 보자면 차연과 침묵으로 인해 '도道'는 보존되고 독자는 그 속에서 도의 그림자를 엿본다. 좀더 구체적인 사례는 시간과 공간 개념의 허구성을 논파하는 대목에서 잘 드러난다.

> 처음이라는 말이 있으며, 처음이 있기 이전이라는 말이 있으며, 처음이 있기 이전이 있기 이전이라는 말이 있으며, 처음이 있기 이전이 있기 이전이 있기 이전라는 말이 있으며, 유有라는 말이 있으며, 무無라는 말이 있으며, 무라는 말이 있기 이전이라는 말이 있으며, 무라는 말이 있기 이전이라는 말이 있기 이전이라는 말이 있다.(「제물론」)

인용문 전반부의 '有始, 有未始有始, 有未始有夫未始有始'는 시간관념에 대한 해체이며,[14] 후반부의 '有有, 有無, 有未始有無, 有未始有夫未始有無'는 동일한 논리로서 공간관념에 대한 해체로 파악할 수 있다. 이처럼 장자에 있어 차연은 그 자체로서 의미를 가진다기보다 우리의 고정관념을 타파하기 위한 일종의 부정어법으로 쓰이는 측면이 강하다. 결국에는 차연과 침묵의 미학을 통해 말해질 수 없는 도를 말로 드러내니, 실로 절묘한 방편이다.

'감성적 확신의 허구'[15] 개념을 통해서 장자는 우리가 일반적으로 추호의 의심 없이 수용하는 어떤 경험적 사실이 실제로는 주관적 편견이며 망상에 불과한 것임을 밝히고자 한다. 장자는 다음과 같은 비유를 통해 인간의 고정관념을 일거에 논파한다.

> 사람은 습한 곳에서 자면 허리에 병이 생겨 반신이 마비되거늘 미꾸라지도 그러한가? ……사람은 〔풀이나 곡물을 먹는〕 가축을 먹고, 사슴은 풀을 먹고, 지네는 뱀을 먹고, 솔개와 까마귀는 쥐를 먹는데 이 네 무리 중 누가 바른 맛을 아는가? ……모장과 이희는 사람들이 아름답다 여기는 바이나 물고기가 이들을 보면 물속 깊이 도망간다.(「제물론」)

여기서 장자가 지시하는 대상은 신식身識, 설식舌識, 안식眼識과 차례로 연결되며, 이 셋은 각기 주住, 식食, 색色의 일상적 개념과 상통한다. 글의 논리를 따르자면, 인간이 무엇인가를 '아름답다'라고 인식할 때 그 아름다움의 근거는 대상 사물에 있지 않고 우리의 인식 주관에 내재한다. 즉 대상의 '아름다움'은 대상 자체의 미·추와는 무관하며, 따라서 우리는 대상의 아름다움을 객관적으로 규정할 수 있는 어떠한 근거도 확보할 수 없다. 우리에게 가장 실제적인 감성적 확신의 토대가 해체되는 셈이다.

이렇듯 감성적 확신의 해체를 경유하여 장자가 본격적으로 말하고자 하는 것은 꿈과 현실의 문제이다. 장자 철학에서 꿈의 기제는 인간에게 이중적으로 작동한다. 하나는 우리가 일상의 잠에서 경험하는 꿈이요, 다른 하나는 '인간의 삶'이라는 꿈이다. 물론 꿈의 기제 자체가 꿈에 대한 알아차림을 근원적으로 봉쇄하기에, 우리가 꿈속에 있는 이상 그 꿈은 엄연한 현실이다. 그렇다면 삶이라는 꿈속에서 어떻게 그것이 꿈임을 자각할 수 있는가?

> 꿈속에 술을 마시던 자가 아침이면 슬피 울고, 꿈에 슬피 울던 자가 아침이면 사냥하러 나간다.(「제물론」)

인용문에서 즐거움은 슬픔으로 해체되고 슬픔은 즐거움으로 해체된다. 즉 꿈속의 즐거움과 슬픔은 모두 그 실체가 없다. 꿈에서 경험하는 어떤 사건도 실상은 모두 비어 있다. 그러나 우리는 꿈의 실상이 비어 있음을 꿈에서 깨어나고서야 비로소 자각한다. 이렇게 보면 꿈의 기제는 존재하지 않는 것을 실재로 뒤바꾸는 인식론적 전도현상에 다름 아니다. 즉 실재하지 않는 것을 실재로 간주해서 거기에 집착하는 한, 인간은 스스로가 만든 꿈 환경 속에서 사는 것과 다름없다.[16] 장자가 다양한 서사 기법을 통해 집요하게 해체하고자 하는 것도 이 같은 전도된 사유이다. 사람들은 이로 말미암아 "일생을 악착같이 수고하면서도 그 성공은 기약하지 못하고, 고달프게 고생하면서도 돌아가 쉴 곳을 알지 못한다."(「제물론」) 인간에 대한 장자의 깊은 연민이 드러나는 대목이다.

'장주호접' 우화는 「제물론」의 결론인 동시에 장자 사상의 주제가 집약된 지점이기도 하다. 우화의 함의를 살펴보면 '장주 꿈에 나타난 나비'와 '꿈에서 깨어난 장주' 사이에는 실제로 아무런 걸림이 없다. 나비와 장주가 그 실상이 비어 있는 이상, 나비가 장주가 되든 장주가 나비가 되든 전혀 문제되지 않는다. 어찌 보면 나비에서 장주로, 장주에서 나비로의 자유로운 물화物化는 서구 근대 철학에 뿌리 깊게 자리한 나와 세계, 주관과 객관, 현실과 꿈 등의 이분법적 사유를 해체한다. 그러나 물화의 논리에도 불구하고 문제의 소재가 완전히 소멸된 것은 아니다. 즉 장주가 나비가 되고 나비가 장주로 될 수 있음을 인식하는 자는 여전히 '나'가 아닌가? 더욱이 '나'가 존재하는 이상 거기에 상대하여 '세계'가 필연적으로 설립되는 것이 아닌가?

이제 양자 사이에 진실로 걸림 없는 경계가 가능하기 위해서는 장주도 나비도 함께 사라져야 한다. 결국 장자가 제시하는 '물화'의 논리는 언설이 담아낼 수 있는 인식 경계의 최종심급이며, 따라서 장자의 물화는 개념을 넘어선 개념이자 말할 수 없는 것을 말로써 드러낸 방편지설方便之設의 한 유형이 된다. 물론 방편지설의 참된 의미는 말 너머에 있을 것이다. 이런 의미에서 이를 '존재'의 문제와 연결시켜 사유하는 것은 장자 철학의 근본 취지에서 크게 벗어나지 않을 것이다.

탈현대와 혼돈의 부활

해학성과 문학성 못지않게 사상적으로도 난해하기 그지없는

『장자』 내편의 철학은 혼돈渾沌의 고사로 끝맺는다.

> 남해의 왕은 숙이고 북해의 왕은 홀이며 중앙의 왕은 혼돈이라. 숙
> 과 홀은 때때로 혼돈의 땅에서 만났는데 혼돈이 그들을 심히 잘 대
> 접했다. 숙과 홀이 혼돈의 덕에 보답하고자 〔서로〕 상의하여 말하
> 되, "사람들은 모두 〔얼굴에〕 일곱 개의 구멍이 있어 보고 듣고 맛
> 보고 숨쉬는데 혼돈만이 유독 구멍이 없으니 시험 삼아 구멍을 뚫
> 어주도록 하자." 〔그리하여〕 하루에 하나씩 구멍을 뚫었더니 칠 일
> 만에 혼돈이 죽고 말았다.(「응제왕應帝王」)

위의 인용문에서 사용된 명칭들 각각은 모두 풍부한 문화적
상징성을 내포하고 있다. 여기서는 하도河圖를 토대로 그 개략
적인 의미만을 살펴보도록 한다.(94쪽 그림 참조) 하도에서 남
방은 여름/불/생명을 지시하며, 북방은 겨울/물/죽음을 상징한
다. 더불어 남해와 북해의 왕인 '숙'과 '홀'은 모두 '짧은 시간'을
의미하는 말로, 장자는 이를 통해 생명의 무상함을 드러내고 있
다. 그렇다면 숙과 홀이 혼돈의 땅에서 만난다는 비유는 무엇을
의미하는가? 장자 사상에 의거하면 삶은 개념적으로 죽음에 의
존하고, 죽음은 삶에 의존한다. 따라서 삶의 소멸은 죽음의 소
멸로 이어지며, 삶이 존재하는 이상 죽음도 반드시 이에 대립하
여 나타난다. 즉 양자는 서로 상대하여 조건적으로 현전하는 개
념이자 '임시적 존재'이며, 그 근원은 혼돈이다.

한편 삶과 죽음이 공히 그 뿌리를 혼돈에 두고 있음은 역설적
으로 혼돈이 삶과 죽음 모두를 넘어서 있음을 암시하는데, 「대종

사大宗師」(제6편)에서는 이를 일컬어 "생을 멸하는 자는 멸하지 않으며, 생을 생하는 자는 생하지 않는다殺生者不死,生生者不生"라고 비유적으로 말한다. 그런데 정작 비생비사非生非死인 혼돈에서 생사가 잉태되었다고 함은 무엇을 의미하는가? 아마도 장자는 이를 통해 생사로 대변되는 '관념의 울타리' 바깥에 실재하는 존재의 세계를 우의적으로 드러내고자 했던 것 같다. 그렇게 보자면 혼돈을 생/사, 유/무, 선/악 등의 이분법적 범주로 포착하려는 시도는 적절하지 못하다. 숙과 홀이 혼돈에게 일곱 개의 구멍을 뚫는 사건은 '존재'를 '개념'의 틀 속에 밀쳐넣는 행위로 해석할 수 있는데, 이는 개념적 인식이 역설적으로 '존재'를 억압하고 비트는 상징적 사례가 된다. 나아가 이는 '유'의 논리가 '무'의 영역을 압도하는 형국이라고도 볼 수 있다.

아이러니한 것은 인간이 차이와 구분에 의존해서만 사유할 수 있으며,[17] 심지어 우리가 살아 있음을 인식하기 위해서는 '혼돈'이 죽어야만 한다는 사실이다. 그러나 만일 숙과 홀이 '허구'이고 혼돈이 존재의 온전한 모습이라면, 우리가 살기 위해 '혼돈'을 죽이는 것이 역설적으로 우리를 죽음으로 내모는 행위가 되지 않겠는가? 『장자』라는 저서가 만일 혼돈의 죽음에 대한 한 편의 장엄한 애가哀歌라면, 저자는 혼돈의 부활을 도모하기 위해 어떠한 논리를 펼치고 있는가?[18]

오늘날 장자의 사상을 다시 읽는다는 것에는 몇 가지 위험이 따른다. 그중 하나는 우리가 일상에서 주저 없이 수용하는 상당수의 가치 규범이 장자 사상에서는 그 근본에서 해체되고 있으며, 나아가 장자적 사유 논리의 수용이 자칫 무정부적 가치의 옹호로 오인되기 쉽다는 점이다. 좀더 현실적인 차원에서 보자면, 장자의 무위사상과 소요철학이 유사 이래 인류를 괴롭혀온 전쟁과 기아, 질병 등 각종 재난으로부터 과연 인간을 구제할 수 있을 것인가의 문제를 고민해볼 수 있다. 그러나 이 같은 의구심을 잠시 접어두고, 내 **마음**과 **별도로** 존재하는 '객관' 세계의 실체를 인간이 과연 증명할 수 있을 것인가를 신중하게 생각해볼 필요가 있다. 만일 세계의 본질이 물질보다 관념에 가까운 것이라면, 세계는 필경 특정한 인식론적 눈을 경유하여 사후적으로 구성될 수밖에 없다. 이 시대의 탈현대 논의가 진정으로 현대성을 넘어서고자 한다면, 우선 지난 세기 현대성 이데올로기를 은밀히 확산시킨 배후의 '눈'을 문제삼지 않으면 안 된다.

이런 맥락에서 '혼돈의 부활'이라는 명제는 새로운 존재의 '눈'을 복원하기 위한 인문학적 시도의 일환이다. 만일 과학적이고 합리적인 사유로 무장한 현대성 이데올로기가 은연중 대상 상호간 비교를 통한 사회진화론적 논리를 합리화한 측면이 있다면, 새로운 존재의 눈은 비교가 사라진 평등의 자리에서 '나'와 '세계'를 여실하게 드러낼 수 있어야 한다. 역설적이지만 우리는 현대성 논리에 빗대어 비로소 혼돈을 '개념적'으로 상상할 수 있으며, 따라서 현대의 종언은 혼돈(이라는 개념)의 소멸로 이어질 것이 분명하다. 그렇게 보자면 장자적 관점에서의 탈현대 명제는 한갓된 주의나 주장을 넘어선 존재(생명)의 문제로 직결될 개연성이 크다. '혼돈의 부활'이라는 명제가 현대성을 넘어서면서 동시에 서구 포스트모더니즘과 절연될 수밖에 없는 이유도 여기에 있다.

제1편

광활한 우주에서 한가로이 노닐다

「소요유逍遙遊」는 모든 속박에서 벗어난 절대 자유의 경지를 논한 장이다. 그런데 장자의 관점에서 속박이란 정신적인 것이다. 즉 인간은 모두 탐욕, 분노, 어리석음이라는 보이지 않는 감옥에 갇혀 있으며, 「소요유」는 이러한 정신적 속박에서 해탈하여 궁극적 자유를 획득하는 경지를 묘사한다. 다소 관념적 기술이 되겠으나 여기서 궁극적 자유의 상태란 '의존관계'를 떠나 있는 것이다. 전형적인 의존관계로는 생사법生死法이 있다.(이를 불교에서는 세간법世間法이라 칭한다.) 즉 우리가 생生이라는 개념에 집착하는 순간 사死라는 대비 개념이 성립된다. 그러므로 의존관계를 떠나 있다 함은 제반 명칭(개념)에 대한 집착이 사라지는 경지다. 장자가 제시하는 집착의 세 가지 사례는 다음과 같다.

① '나'에 대한 집착

② '공로'에 대한 집착

③ '명예'에 대한 집착

「소요유」에서는 '나'를 넘어선 사람을 지인至人으로, '공로'를 넘어선 사람을 신인神人으로, '명예'를 넘어선 사람을 성인聖人이라 지칭한다. 이 세 가지 유형은 장자가 추구하는 이상적 인물 군상인데, 지인·신인·성인을 굳이 상호 분리된 별도의 개념으로 상정할 필요는 없다.[19] 한편 「소요유」라는 제목에서 '소逍'는 집착이 소멸되는 경지를, '요遙'는 현실을 넘어선 초월적 경지를 암시한다. 양자를 철학적 개념으로 치환하면 전자는 무아無我의 상태와 연결되고, 후자는 무아를 경유하여 대아大我로 거듭나는 단계로 해석 가능하다. 그렇게 보자면 마지막 '유遊'의 함의는 현실을 떠나 저 세상에서 노닌다는 것이 아니다. 육신이 어디 있든 '소요'하는 그 자리가 바로 모든 속박을 벗어난 진정한 '노닒'의 경지가 되는 것이다.

1. 생명의 본질(1)

北冥有魚 其名爲鯤 鯤之大 不知其幾千里也 化而爲鳥 其名爲鵬 鵬之背
북 명 유 어   기 명 위 곤   곤 지 대   부 지 기 기 천 리 야   화 이 위 조   기 명 위 붕   붕 지 배
不知其幾千里也 怒而飛 其翼若垂天之雲 是鳥也 海運則將徙於南冥 南冥者
부 지 기 기 천 리 야   노 이 비   기 익 약 수 천 지 운   시 조 야   해 운 즉 장 사 어 남 명   남 명 자
天池也
천 지 야

북쪽 검푸른 바다에 물고기가 있으니, 그 이름을 곤이라고 한다. 곤의 크기는 몇 천 리
가 되는지 알 수 없는데, 곤이 변하여 새가 되었으니 그 이름을 붕이라고 한다. 이 붕
새의 크기는 몇 천리가 되는지 알 수 없다. 붕새가 한번 힘을 써서 높이 비상하면 두
날개는 흡사 하늘에 드리운 구름과 같다. 이 새는 바다가 움직이면 남쪽의 검푸른 바
다로 날아간다. 남쪽 검푸른 바다는 하늘의 연못인 천지天池인 것이다.

In the northern darkness there is a fish and his name is K'un. The K'un is so huge I don't know how
many thousand li he measures. He changes and becomes a bird whose name is P'eng. The back of
the P'eng measures I don't know how many thousand li across and, when he rises up and flies off, his
wings are like clouds all over the sky. When the sea begins to move, this bird sets off for the southern
darkness, which is the Lake of Heaven.

『장자』에서 「소요유」는 성서로 말하자면 「창세기」에 해당한다.
물론 장자 철학에는 우주를 만든 '창조주'라든가 '우주의 기원'
등의 개념이 등장하지 않는다. 대신 장자는 생명의 시원을 다른
관점에서 상징적으로 제시한다. 「소요유」 첫 장면의 배경이 되

는 곳은 '북쪽 검푸른 바다北冥'이다. 중국 철학에서 '북北'은 방위상으로 맨 아래 위치하며, 의미상으로는 고요함, 심연, 겨울 등을 상징한다. '명冥'은 한자에서 '검다'라는 뜻이나 본문에서의 함의는 바닷물이 너무 깊고 고요하여 흡사 그 빛깔이 검푸른 것처럼 보인다는 의미다. 음양론적 관점에서 보자면 북은 음의 방위로 죽음의 이미지와 연결된다. 여기서 '죽음'은 생명 현상에 대비되는 개념이라기보다 현상(用)에 대한 본체(體)적 의미가 강하다. 즉 모든 드러난 것은 감춰진 것에 그 뿌리를 두고 있다는 논리다. 그러나 장자 사상에서 드러난 것과 감춰진 것, 양과 음, 생명과 죽음은 서로 단절되어 있지 않다. 비근한 예로 우리가 '땅' 속으로 굴을 파서 100미터를 들어가면 동일한 길이의 '하늘'이 그 즉시 생겨날 것이다.[20]

　「소요유」의 첫번째 이야기는 북쪽 바다 속에 사는 곤鯤이라는 물고기가 붕새로 변해서 남쪽 바다로 날아가는 사건을 근본 주제로 삼는다. 그런데 이 짧은 우화를 통해 어떤 의미에서 『장자』 전편의 핵심 사상이 가감 없이 드러났다. 첫째는 생명의 본질이 되는 '변화化'의 모티프이고, 둘째는 본체(음/북/죽음)와 작용(양/남/생명)의 비분리적 속성이며, 셋째는 「소요유」라는 명칭과 연결되는 '자유'의 문제이다. 이를 본문의 내용과 연결해 부연설명하자면, ① '북쪽 검푸른 바다'는 '근원'을 상징하며, ② 깊고 가늠할 수 없는 근원에서 큰 물고기가 출현했다 함은 '형체 없음'이 '형체'로서 모습을 드러낸 것이고,[21] ③ 마지막으로 곤이 붕새로 변하여 남쪽 바다로 날아가는 것은 생명 활동의 시작을 암시하는 것이다. 그러나 '북명'(근원)과 '곤'(생명), 그

28

장자, 순간 속 영원

월전 장우성, 〈백두산천지도白頭山天池圖〉, 1975. 한민족의 영산인 백두산에서 우리는 실재하는 '하늘의 연못'을 만난다.

리고 '붕새'(생명작용)는 셋이면서 하나이다. 그렇기 때문에 붕새가 구만리 상공으로 비상하여 남쪽으로 날아간다 할지라도 근원은 움직인 바가 없다. 즉 움직임 속의 고요함이요, 고요함 속의 움직임인 것이다. 끝으로 앞서 언급한 '자유'의 주제는 근본-생명-생명작용이라는 삼자를 하나로 바라볼 수 있는 인식론적 '깨침'의 문제와 무관하지 않다. 어떤 의미에서 『장자』는 '나'를 에워싼 알의 세계에서 '내'가 깨쳐나올 수 있는 도를 설파한 책이다.

2. 하늘은 '푸른' 색인가

鵬之徙於南冥也 水撃三千里 搏扶搖而上者九萬里⋯⋯ 天之蒼蒼 其正色邪
붕지 사어 남명야 수격 삼천리 박부요이 상자구만리   천지창창 기정색야
其遠而無所至極邪 其視下也 亦若是則已矣
기 원이 무소지극야 기 시 하 야 역 약 시 즉 이 의

붕이 남쪽 바다로 날아갈 때에는 〔날개로〕 바다의 수면을 삼천리나 치고서, 회오리바
람을 타고 구만리 상공 높이 올라간다⋯⋯ 하늘이 푸르고 푸른 것은 그 본래의 빛깔
인가, 〔아니면〕 끝없이 멀고 아득하기 때문에 푸르게 보이는 것인가. 〔붕이〕 구만리 꼭
대기에서 아래를 내려다볼 때에도 또한 이와 같을 것이다.

When the P'eng journeys to the southern darkness, the waters are roiled for three thousand li. He
beats the whirl-wind and rises ninety thousand li⋯⋯The sky looks very blue. Is that its real color, or
is it because it is so far away and has no end? When the bird looks down, all he sees is blue too.

우리는 흔히 하늘이 푸른색이라고 단정한다. 그런데 장자는 왜
여기서 새삼 이 같은 질문을 던지는 것일까? 일단 장자에게 있
어 '하늘'이라는 개념은 정해진 실체가 없다. 우리는 허공 저 멀
리 아득한 공간을 단지 하늘이라고 부르고 있을 뿐이다. 그런데
실체도 없는 하늘이 어떻게 '푸른색'이라는 자기 고유의 색깔을
가질 수 있겠는가? 물론 혹자는 '그래도 하늘은 푸르다'라고 손
으로 먼 허공을 가리키며 항변할지 모른다. 그런데 '푸름'에 대
한 장자의 해석이 특이하다. 즉 장자는 '끝없이 멀고 먼' 공간의

개념을 '푸름'이라는 색채의 개념과 결합시킨다. 만일 '나'의 관점에서 '아득히 멀다'라는 공간적 거리가 '파란 빛'이라는 색채로 눈앞에 현시되었다면, '나'와 대상 간의 원근관계에 따라 그 빛깔은 시시각각 변화할 것이다. 결국 하늘이 실체가 없듯이 파란색이라는 색깔 또한 고정된 실체가 없다.

이 같은 복선을 깔고서 장자는 글의 종결부에서 우리가 가지고 있는 하늘과 땅의 개념을 180도 뒤집어버린다. "(붕이) 구만리 꼭대기에서 아래를 내려다볼 때에도 또한 이와 같을 것이다." 즉 구만리 창공 위로 올라가본 적 없는 인간은 결코 하늘 위에서 내려다본 인간 세상의 모습을 상상할 수 없다.(이는 물론 2,500여 년 전 장자가 생존했던 시점에서의 가정이다.) 그런데 장자는 여기서 이 같은 고정관념을 전복시킨다. 달리 말해 밑에서 위로 올려다본 하늘의 모습과 색깔이 그 자체로 위에서 아래로 내려다본 땅의 모습이라는 발상이다. 그리하여 하늘은 땅이 되고 땅이 하늘이 되었다. 그렇다면 우리 눈앞에 펼쳐진 광활한 우주의 모습은 우주의 '눈'에 비친 우리의 모습일 것이다. 장자는 우리가 스스로를 한없이 왜소하고 초라하게 느낄 때 한번쯤 끝없이 펼쳐진 우주 허공을 바라보라고 주문한다. 어쩌면 지금 나의 초췌한 모습이 붕새의 눈에는 광활한 우주가 현전한 바로 그 형상일 것이다. 장자는 나에게 '나'를 알게 하기 위해 '붕새'라는 가공할 캐릭터를 탄생시켰다.

3. 시간은 과연 흘러가는가

小知不及大知 小年不及大年 奚以知其然也 朝菌不知晦朔 蟪蛄不知春秋
소지불급대지 소년불급대년 해이지기연야 조균부지회삭 혜고부지춘추
此小年也 楚之南 有冥靈者 以五百歲爲春 五百歲爲秋 上古有大椿者
차소년야 초지남 유명령자 이오백세위춘 오백세위추 상고유대춘자
以八千歲爲春 八千歲爲秋 此大年也 而彭祖乃今以久特聞 衆人匹之 不亦悲乎
이 팔천세위춘 팔천세위추 차대년야 이팽조내금이구특문 중인필지 불역비호

작은 지혜는 큰 지혜에 견줄 수 없고, 짧은 수명은 긴 수명에 도달하지 못한다. 어떻게 그 까닭을 알 수 있는가. 아침에 피는 버섯은 한 달을 알지 못하고 쓰르라미는 봄과 가을을 알지 못하니, 이것이 짧은 수명의 예이다. 초나라 남쪽에 명령이라는 나무가 있었으니, 오백 년을 봄으로 하고 오백 년을 가을로 한다. 먼 옛날 대춘이라는 나무가 있었으니, 팔천 년을 봄으로 하고 팔천 년을 가을로 삼았다. 이것이 긴 수명의 예이다. 그런데 팽조는 지금까지 장수한 인물로 유명하여 세상 사람들이 모두 그와 같기를 바라니, 또한 슬프지 아니한가.

Little understanding cannot come up to great understanding; the short-lived cannot come up to great understanding; the short-lived cannot come up to the long-lived. How do I know this is so? The morning mushroom knows nothing of twilight and dawn; the summer cicada knows nothing of spring and autumn. They are the short-lived. South of Ch'u there is a caterpillar which counts five hundred years as one spring and five hundred years as one autumn. Long, long ago there was a great rose of Sharon that counted eight thousand years as one spring and eight thousand years as one autumn. They are the long-lived. Yet P'eng-tsu alone is famous today for having lived a long time, and everybody tries to ape him. Isn't it pitiful!

시간이 과연 흘러가는가? 어찌 보면 참으로 황당한 질문이고, 어찌 보면 매우 곤혹스런 질문이다. 사람은 누구나 '시간이 흘러간다'고 생각할 것이다. 그러나 정작 '시간이 흐른다'는 사실을 어떻게 증명할 것인가? 혹자는 끊임없이 움직이는 시곗바늘을 흐르는 시간에 대한 물증으로 제시할지도 모른다. 그러나 엄밀히 말해 시곗바늘은 공간상의 좌표 위를 반복적으로 오가고 있을 뿐이다. 앞서 인용한 「소요유」의 고사는 외견상 '작은 지혜'와 '큰 지혜'를 비교하는 구도이다. 즉 작은 지혜로써 큰 지혜를 가늠하는 것이 당치 않다는 의미다. 그러나 우화의 함의를 좀더 꼼꼼히 반추해보노라면 전혀 다른 차원의 해석이 가능해진다. 이야기 속에 아침에 피는 버섯과 쓰르라미는 '짧은 수명'의 사례로 제시되며, 명령과 대춘은 '긴 수명'의 사례로 각기 제시된다. 그런데 장수한 인물의 전형적 사례로 인구에 회자되는 팽조는 어떠한가? 전설에 의하면 그가 700세를 살았다 하니 인간의 기준으로 보자면 팽조는 의심할 나위 없이 긴 수명의 범주에 속할 것이다. 그런데 명령이나 대춘과 비교해서도 과연 그러한가? 결국 이렇게 분석해가다 보면 어떠한 존재도 절대적으로 짧은 수명이나 긴 수명이 될 수 없음을 알게 된다.

　여기서 처음의 문제로 다시 돌아가보자. 인간의 관점에서 '시간이 흐른다'라고 할 때 이는 반드시 낮과 밤의 교체라든가 사계의 순환 등 우리가 객관적으로 대상화할 수 있는 기준을 전제할 것이다. 그런데 장자는 본문에서 '명령'이란 가상의 캐릭터를 설정한 뒤, 춘하추동의 길이가 '시간 경험의 주체'에 따라 얼마든지 달라질 수 있음을 암시한다. 그렇게 보자면 시간의 길고 짧음을 논함에 있어 '객관적' 기준이란 존재할 수 없다. 달리 말해 하루살이가 '하루'라는 시간을 통해 탄생과 성장 그리고 죽음까지 모두 경험할 수 있다면, 그 '하루'라는 시간이 인간의 100년보다 짧다고 어떻게 단언할 수 있겠는가? 결국 여기서 장자가 말하고자 한 것은 시간의 상대적 속성이다. 그런데 상대적이라 함은 조건지어진 것이요, 조건적으로 규정된 모든 것의 본질은 무無[22]이다. 만일 '시간이 흐른다'라고 할 때 시간의 '흐름'을 증명하기 위한 어떤 조건이 전제되어야 하고 그 조건이 시간 경험의 주체에 의해 수시로 변할 수 있음을 상기한다면, '시간의 흐름'은 엄밀한 의미에서 시간의 흐름을 인식하는 '마음의 흐름'과 무관하지 않다. 결국 요체가 되는 것은 내 마음 밖에서 '춘하추동'으로 끊임없이 돌아가는 절대 객관의 시간이 아니라, 그것을 인식하는 내 마음의 시간이다. 그로부터 '시간이 흐르는가'에 대한 철학적 성찰이 다시금 진지하게 이루어져야 할 것이다.

4. 무위정치의 함의

堯讓天下於許由 曰 日月出矣 而爝火不息 其於光也 不亦難乎 時雨降矣
요 양 천 하 어 허 유　왈　일 월 출 의　이 작 화 불 식　기 어 광 야　불 역 난 호 시 우 강 의

而猶浸灌 其於澤也 不亦勞乎 夫子立而天下治 而我猶尸之 吾自視缺然
이 유 침 관　기 어 택 야　불 역 노 호　부 자 입 이 천 하 치　이 아 유 시 지　오 자 시 결 연

請致天下
청 치 천 하

요 임금이 허유에게 천하를 양도하려고 하면서 말했다. "해와 달이 떠올랐는데 조그만 횃불을 밝히는 것이 또한 부질없는 일 아니겠습니까. 하늘에서 때맞추어 비가 내리는 데도 여전히 물 대는 일을 계속하는 것은, 논밭을 윤택하게 함에 있어 또한 공연히 수고롭기만 한 것 아니겠습니까. 선생께서 천자의 자리를 맡으시면 천하가 잘 다스려질 터인데 내가 아직도 천하를 다스리고 있으니, 스스로 돌이켜보아도 마음이 흡족하지 않습니다. 청컨대 〔선생님께〕 천하를 바치고자 합니다."

Yao wanted to cede the empire to Hsu Yu. "When the sun and moon have already come out," he said, "it's a waste of light to go on burning the torches, isn't it? When the seasonal rains are falling, it's a waste of water to go on irrigating the fields. If you took the throne, the world would be well ordered. I go on occupying it, but all I can see are my failings. I beg to turn over the world to you."

『장자』에 등장하는 허유는 은자隱者이다. 은자는 지위가 없으니 요즘 식으로 말하면 제도권 바깥의 인물이다. 그런 허유에게 당시 중원을 통치하던 요 임금이 찾아와서 천하를 양도하고자 했다. 알다시피 요는 동양 문화권에서는 성군의 상징이다. 그런

요가 허유를 '해'에 비유하면서 자신은 '횃불'에 견주고 있으니 가히 겸양의 극치인 셈이다.

본문에서 제시되는 두 개의 메타포('해'와 '횃불')는 언뜻 보면 '밝음'의 차이다. 그런데 정작 장자가 역설하고자 하는 것은 양자 간의 양적 구분이 아니다. 그보다는 이를 통해 무위無爲 정치의 요체를 밝히려 한 것이다. '무위'란 글자 그대로 '함이 없다'는 의미지만 장자 사상에서는 무위가 곧바로 '무아사상'과 연결된다. 즉 '내'가 행위의 주체가 되는 것이 유위有爲라면, '나'라는 의식 없이 행해지는 모든 행위는 무위이다. 이로부터 동양적 사유의 일단이 잘 드러난다. 즉 내가 선을 행하되, 선을 행한다는 생각조차 사라진 경지가 무위이다. 장자는 이 같은 지선至善의 전범을 자연에서 찾고 있다. 가령 일월풍우日月風雨는 만물을 윤택하게 하지만 한결같이 만물을 윤택하게 한다는 생각이 없다.(마찬가지로 해와 달은 스스로 밝고자 함이 없이 밝은 것이며, 반면 횃불은 인간이 인위적으로 밝히는 불빛이다.) 물론 인간적 관점에서 보자면 '행위주체의 소멸'이란 경지는 선뜻 상상하기가 쉽지 않다. 그런데 인간의 머리로 상상하기 어려운 경지가 역설적이지만 가장 '자연스러운' 상태인 것이다.('자연'이란 '스스로 그러하다'는 동사적 의미다.) 그렇게 보자면 인간이 아만我慢이나 아상我相[23]을 갖는 것은 전술한 자연적 상태로부터의 일탈이다. 노장 사상의 경우 애당초 인간을 자연과 분리된 별도의 독립된 존재로 상정하지 않는다. 그렇기에 인간이 자연의 순리에 역행한다는 것은 인간의 본질에도 위배되는 것이다.

이를 토대로 장자 정치사상의 일단을 추론해보자. 장자가 보기에 요 임금의 행함이 있는 통치는 성인의 무위정치와는 거리가 멀다. 최고의 정치는 다스리는 자와 다스려지는 자가 공히 사라진 상태이다. 이는 물고기가 강에서 헤엄치며 한가로이 노니는 상태와 흡사한데, 이때는 물고기도 강물도 존재하지 않는다. 그러나 정작 가뭄으로 물이 고갈되면 물고기는 물가로 몰려든다. 또한 물고기는 생명의 근원이 되는 '물'의 고마움을 절감하게 된다. 그러나 이는 이미 태평성세가 기울기 시작한 시점이다. 노장 사상에서 '자연'은 개념화의 범주를 넘어서지만, 이 '자연'이야말로 모든 철학적 사유가 귀속되는 궁극의 경지다.

有物混成 _{유 물 혼 성}	물이 있어 혼연히 이루어졌으니
先天地生 _{선 천 지 생}	천지보다 먼저 생겼다
寂兮廖兮 _{적 혜 요 혜}	고요하고 고요함이여
獨立不改 _{독 립 불 개}	스스로 우뚝 서서 변화가 없고
周行而不殆 _{주 행 이 불 태}	두루 행하면서도 위태롭지 않으니
可以爲天下母 _{가 이 위 천 하 모}	천하의 어머니가 될 수 있다
吾不知其名 _{오 부 지 기 명}	나는 그 이름을 알 수 없어
字之曰道 _{자 지 왈 도}	〔그냥〕 도라고 말했다
	(중략)
人法地 _{인 법 지}	사람은 땅을 본받고
地法天 _{지 법 천}	땅은 하늘을 본받고
天法道 _{천 법 도}	하늘은 도를 본받고
道法自然 _{도 법 자 연}	도는 '자연'을 본받는다

―노자, 『도덕경』 25장

5. 허유는 왜 천하를 거부했나

許由曰 子治天下 天下旣已治也 而我猶代子 吾將爲名乎 名者實之賓也
허 유 왈 자 치 천 하 천 하 기 이 치 야 이 아 유 대 자 오 장 위 명 호 명 자 실 지 빈 야
吾將爲賓乎…… 歸休乎君 予無所用天下爲 庖人雖不治庖
오 장 위 빈 호   귀 휴 호 군 여 무 소 용 천 하 위 포 인 수 불 치 포
尸祝不越樽俎而代之矣
시 축 불 월 준 저 이 대 지 의

허유가 말했다. "당신이 천하를 다스려 천하가 이미 잘 다스려지고 있는데, 내가 당신
을 대신한다면 나더러 장차 '천자'라는 이름이 되라는 것이요? 이름은 실질의 손님이
니, 그러면 나더러 장차 손님이 되라는 것이요? ……돌아가 쉬십시오, 임금이시여. 내
게 천하는 아무런 소용이 없습니다. 주방장이 음식을 잘못 만든다고 하여, 제사장이
술단지나 제사상을 뛰어넘어가 주방장 일을 대신하지는 않습니다.

Hsu Yu said, "You govern the world and the world is already well governed. Now if I take your
place, will I be doing it for a name? But name is only the guest of reality—will I be doing it so I can
play the part of a guest?……Go home and forget the mater, my lord. I have no use for the rulership
of the world! Though the cook may not run his kitchen properly, the priest and the impersonator of
the dead at the sacrifice do not leap over the wine casks and sacrificial stands and go take his place."

앞 장에 이어 요와 허유 간의 상징적 대화가 계속해서 이어진
다. 전편이 주로 요 임금의 입장에서 서술된 것이라면 여기서는
허유의 세계관이 중점적으로 드러난다. 그런데 이 장에서는 허
유가 천하를 거부하는 논리를 눈여겨볼 필요가 있다.

허유가 보건대 요는 제왕의 직을 잘 수행하고 있으며 천하도 잘 다스려지고 있다. 그런데 이 상황에서 자신이 요의 역할을 대신해서 맡는다면 이는 실체가 없는 허상을 좇는 격이 된다. 그렇다면 허유의 관점에서 과연 무엇이 실實이며 무엇이 빈賓인가? 나아가 허유가 둘을 구분하는 근거가 무엇인가? 외형적으로 보자면 천자라는 지위, 나아가 천자가 천하를 통치하는 행위는 '이름名'이라는 개념 속에 포섭된다. 그런데 여기서 이름의 함의는 단순하지 않다. 노장 사상에서 이름이란 '현상세계의 논리'를 표상하는 것이다. 실제로 우리가 사는 세계는 말과 이름으로 구성되며, 이를 통해 '이것'과 '저것'이 상호 분리된다. 비근한 예로 '나무'라는 이름은 '나무'를 '나무 아닌 다른 것'과 구분짓는 중요한 척도가 된다. 그렇게 보자면 천하를 잘 다스리는 것은 만물에 부여된 이름을 바르게 하는 일과 직결된다.[24] 그런데 장자의 관점에서 보자면 모든 이름(유명有名)은 이름 없음(무명無名)에서 유래한다. 예를 들어 '장미'의 본질이 장미라는 이름으로 규정될 수 없는 것과 같은 논리다. 이제 편의상 양자(유명과 무명)를 현상과 본질, 형이하와 형이상, 세간과 출세간[25]의 대립적 개념으로 구분지어 생각해보자.

본문에서 '주방장'은 현상세계를 상징하는 인물이며, '제사장'은 정신적 영역을 주재하는 인물이다. 허유는 이러한 대비를 통해 스스로를 출세간적 존재로 분류한다. 그런데 독자의 입장에서는 자칫 세간과 출세간 양자 간에 보이지 않는 우열을 상정할 수도 있다. 즉 몸/세간/현상은 저급한 영역이며, 정신/출세간/본체는 고귀한 영역이라는 식의 구분이 그러하다. 그러나

『장자』 전편의 기조를 보자면 이 같은 위계는 의미가 없다. 몸과 마음, 세간과 출세간은 상호 의존적이며 좀더 본질적 의미에서 양자는 일태극의 두 가지 다른 모습일 따름이다.[26] 그렇기 때문에 성군인 요가 천하를 통치하는 것은 그 자체로 요긴한 것이며, 오히려 자신과 같은 사람이 은자의 역할을 망각하고 국정을 관장하는 것이 어찌 보면 실질의 손님으로 전락하는 행위가 되는 것이다. 인간의 현실적 삶도 그러하다. 우리의 일신이 존재하기 위해서는 두 발이 딛고 설 수 있는 땅이 필요하며, 몸이 자유로이 움직일 수 있는 하늘이 필요하다. 요약하자면 요와 허유의 대화에서 처음 장자는 요의 말을 통해 허유를 한껏 치켜세웠다. 그러나 두번째 장면에서 장자는 반전을 시도한다. 그리고 이를 통해 요와 허유 모두를 살려냈다. 가히 절묘한 장인의 솜씨라 아니할 수 없다.

월전 장우성, 〈면벽面壁〉, 1981. 불교의 참선과 유사한 정신 수련법을 장자는 '좌망坐忘'이라 불렀다. 장자에 있어서 좌망은 '나'와 '세계'가 공히 사라지는 경지다.

6. 쓸모없는 인간이 되라

今夫斄牛 其大若垂天之雲 此能爲大矣 而不能執鼠 今子有大樹 患其無用
금 부 이 우 기 대 약 수 천 지 운 차 능 위 대 의 이 불 능 집 서 금 자 유 대 수 환 기 무 용

何不樹之於無何有之鄕 廣莫之野 彷徨乎無爲其側 逍遙乎寢臥其下 不夭斤斧
하 불 수 지 어 무 하 유 지 향 광 막 지 야 방 황 호 무 위 기 측 소 요 호 침 와 기 하 불 요 근 부

物無害者 無所可用 安所困苦哉
물 무 해 자 무 소 가 용 안 소 곤 고 재

지금 저 물소는 크기가 하늘에 드리운 구름과 같은데, 이 소는 크기는 하지만 쥐 한 마리도 잡을 수 없다. 이제 그대에게 큰 나무가 한 그루 있는데 그 〔나무의〕 쓸모없음이 걱정된다면, 그것을 '아무것도 없는 고을', 끝없이 펼쳐진 들판에 심어놓고, 그 옆에서 아무 하는 일 없이 거닐면서, 나무 아래에서 유유자적하며 낮잠이라도 자는 것이 좋지 않겠는가. 〔이 큰 나무는〕 도끼에 잘릴 염려도 없고 아무도 해칠 자가 없을 것이니, 아무 쓸모가 없지만 어찌 곤경에 이를 것인가.

Then again there's the yak, big as a cloud covering the sky. It certainly knows how to be big, though it doesn't know how to catch rats. Now you have this big tree and you're distressed because it's useless. Why don't you plant it in Not-Even-Anything Village, or the field of Broad-and-Boundless, relax and do nothing by it side, or lie down for a free and easy sleep under it? Axes will never shorten its life, nothing can ever harm it. If there's no use for it, how can it come to grief or pain?

「소요유」의 결론부에 해당하는 이 장면에서 장자는 인간의 근원적 자유와 행복을 '쓸모'라는 세속적 통념과 연결시켜 이야기한다. 어찌 보면 지구상에 존재하는 거의 대부분의 인간은 태어

나면서 죽을 때까지 줄곧 '쓸모 있고' '유능한' 인간이 되어야 한 다는 강박관념에 시달리며 살아간다. 그런데 문제는 그 쓸모가 과연 무엇을 위한 쓸모인가에 대해 인간은 깊이 숙고할 여력을 갖고 있지 못하다는 점이다. 말하자면 '요람에서 무덤까지' 대 다수 인간은 끊임없이 사회적 통념에 세뇌되어 익명의 타자로 살아간다. '몸을 바짝 낮추고 먹이를 찾아 기웃거리다 결국에는 그물에 걸려 죽는' 살쾡이의 이미지가 필경 '나'의 희화화된 모 습이 아니라고 자신 있게 말할 수 있는 자가 과연 몇이나 되겠 는가? 그러나 한편으로 장자가 말하는 무용에 대한 예찬을 액 면 그대로 받아들이는 것은 곤란하다. 여기서 우리는 '물소'와 '나무'의 비유를 통해 장자의 속마음을 가늠해볼 수 있다.

물소는 크기가 하늘에 드리운 구름 같으나 정작 쥐 한 마리도 잡을 수 없다. 이를 두고 세상 사람들은 그 물소를 조롱하고 비 웃을 것이다. 그러나 물소의 진정한 쓰임이 과연 쥐 한 마리 잡 는 데 있을 것인가? 세상은 시시각각 '나'에 대해 이런저런 '쓸 모'를 요구하고, 설상가상으로 나조차 나의 쓸모를 확신하지 못 할 때, 결국은 거대한 물소가 늙은 고양이에게 나아가서 쥐 잡 는 기술을 전수받기 위해 삶의 모든 에너지를 소진할 것이다. 장자는 무용의 비유를 통해 우리가 인생에서 약삭빠른 살쾡이 를 선망하지 말고 내 속에 감춰진 거대한 물소를 직시하라고 이 야기한다. '유용'의 덫에 걸려 허우적거리는 현대인은 어찌 보 면 살쾡이의 탈을 뒤집어쓴 물소의 형국이다. 반면 쥐 잡는 일 에 전혀 쓸모없는 '물소'는 어쩌면 그 무용으로 인해 비로소 하 늘 높이 닿을 수 있을 것이다. 물소가 자기의 진면목을 회복하여 하늘에 닿았다면 거기에 별도의 귀천, 고하, 유용, 무용의 구별이 붙어 있을 자리가 어디 있겠는가? 참고로 성서의 「누가복음」은 '쓸모'의 모티프를 '하나'의 비유로 풀어냈다.

> 그들이 길을 가는데, 예수께서 어떤 마을에 들어가셨다. 마르다라고 하는 여자가 예수를 자기 집으로 모셔 들였다. 이 여자에게 마리아라고 하는 동생이 있었는데, 마리아는 주의 발 곁에 앉아서 말씀을 듣고 있었다. 그러나 마르다는 여러 가지 접대하는 일로 분주하였다. 그래서 마르다가 예수께 와서 말하였다. "주님, 내 동생이 나 혼자 일하게 두는 것을 아무렇지 않게 생각하십니까? 가서 거들어주라고 내 동생에게 말씀해주십시오." 그러나 주께서는 마르다에게 대답하셨다. "마르다야, 마르다야, 너는 많은 일로 염려하며 들떠 있다. 그러나 필요한 일은 하나뿐이다. 마리아는 좋은 몫을 택하였다. 그러니 그는 그것을 빼앗기지 않을 것이다."(「누가복음」 10:38-42)

성서가 직시하듯이 인생의 진정한 가치는 자신에게 꼭 필요한 그 한 가지 일을 자각하고 이를 힘써 실천하는 것이다. 이것이 어쩌면 장자가 말한 '무용'의 참된 본질이 아닐까 싶다.

제2편

만물을 하나로 꿰뚫다

「제물론齊物論」은 『장자』 전편의 백미다. 이로 인해 예로부터 지금까지 수많은 사상가가 「제물론」에 대해 다양한 주석을 내놓았다. 「제물론」의 근본 주제는 '시비가 끊어진 절대 평등의 도리'를 논하는 것이다. 그런데 절대 평등의 경지란 현상계의 논리와는 극명하게 위배된다. 가령 그릇 속에 담긴 물을 소가 마시면 우유가 되지만 독사가 마시면 독으로 변한다. 이처럼 원래 같은 물에서도 '차이'가 발생하는데, 하물며 이미 존재하는 차별상을 어찌 없게 할 수 있겠는가. 그런데 장자는 이 같은 논리를 정면으로 뒤집어 사유한다. 즉 젖소의 우유와 독사의 독이 원래 차이 없는 하나의 '물'에서 유래했음을 밝히는 것이다. 그렇게 보자면 독과 우유의 차이는 물에 있는 것이 아니라, 소와 독사에 있는 것이다.(후자를 장자는 인간의 '망상 분별심'으로 보았다.)

한편 「제물론」이라는 제목은 두 가지 방식으로 해석이 가능하다. 하나는 '물론物論을 제齊하다', 즉 '모든 사람의 논쟁을 가지런히 하다'라는 의미로 파악하는 것이다. 여기서 '모든 사람의 논쟁'을 당시 전국시대를 풍미했던 구류철학九流哲學[27]으로 해석한다면, 장자는 「제물론」이라는 절묘한 논을 수립하여 구류철학의 시비논쟁을 일거에 끊어버리려는 의도를 가지고 있었던 셈이다. 다른 하나의 가능성은 '제물의 논'으로 보는 것인데, 이 경우 '모든 사물을 가지런히 하는 논설'의 의미로 해석할 수 있다. 제목에 대한 두 개의 학설은 외견상 차이를 보이지만 그 본질로 깊이 들어가면 서로가 의미론적으로 상충되지 않는다.

7. 개별과 보편

子綦曰 偃 不亦善乎 而問之也 今者吾喪我 汝知之乎 汝聞人籟 而未聞地籟
자 기 왈 언 불 역 선 호 이 문 지 야 금 자 오 상 아 여 지 지 호 여 문 인 뢰 이 미 문 지 뢰
汝聞地籟 而未聞天籟夫…… 夫吹萬不同 而使其自己也 咸其自取
여 문 지 뢰 이 미 문 천 뢰 부　　　부 취 만 부 동 이 사 기 자 기 야 함 기 자 취
怒者其誰邪
노 자 기 수 야

남곽자기가 말했다. "언아, 너의 질문이 참으로 훌륭하구나. 지금 나는 나 자신을 잃어
버렸는데, 너는 그것을 알고 있느냐. 너는 인뢰는 들었어도 아직 지뢰는 듣지 못했을
것이며, 지뢰는 들었어도 아직 천뢰는 듣지 못했을 것이다…… 무릇 〔바람이〕 온갖 물
상에 불어 각자가 하나의 개체가 되거늘, 모두 스스로 소리를 취했다고 하나 정작 소
리를 내게 하는 것은 누구인가?"

Tzu-ch'i said, 'You do well to ask the question, Yen. Now I have lost myself. Do you understand
that? You hear the piping of men, but you haven't heard the piping of earth. Or if you've heard the
piping of earth, you haven't heard the piping of Heaven!……Blowing on the ten thousand things in a
different way, so that each can be itself—all take what they want for themselves, but who does the
sounding?'

「제물론」의 도입부는 두 가공의 인물이 펼치는 대화로 시작된
다. 스승인 남곽자기는 깊은 삼매경 속에서 '나'라는 생각이 사
라진 경지로 접어들었으며, 이를 마주한 제자는 스승의 몸이 바
싹 마른 나무처럼 생기가 사라져버렸음을 느낀다. 물론 이 '망

'아忘我'라는 모티프의 함의는 뒤에서 구체적으로 밝혀지겠지만, 기본적으로는 '온갖 논쟁을 하나로 규합한다'라는 「제물론」 전체의 주제와 긴밀하게 연결되어 있다. 도입부에서 우리가 주목할 부분은 인뢰人籟, 지뢰地籟, 천뢰天籟라는 세 가지 비유이다. '인뢰'는 '사람의 피리소리'라는 의미인데, 이는 '인간이 만들어내는 온갖 소리' 정도로 이해해도 무리가 없다. 그렇다면 지뢰의 경우는 '자연이 만들어내는 소리'가 될 것이다. 그런데 이 대목에서 정작 장자가 말하려는 요체는 '천뢰'이다. '하늘의 피리소리'에서 '하늘'은 그 자체의 고정된 소리 없음을 자신의 소리로 한다. 그렇기 때문에 우리는 사람과 자연의 소리를 근거로 삼아 '소리 없는' 하늘의 소리를 추론해볼 수밖에 없다.

이와 관련하여 본문은 '바람'이 '물상'을 만나면서 이런저런 소리를 만들어낸다는 비유를 제시한다. 이론적으로 보건대 바람은 자체의 소리를 갖고 있지 않으니 외견상 인간과 자연의 모든 소리는 각각의 물상이 스스로 만드는 것이다. 가령 나뭇잎이 흔들리는 소리, 파도치는 소리, 바위틈으로 바람이 스쳐지나가며 내는 소리, 사람이 부는 피리소리 등이 그러하다. 그런데 이모든 경우에 소리 없는 바람과 무관하게 개별 물상이 홀로 소리를 만들 수 있을까? 오히려 인간과 자연이 만드는 가지각색의 소리가 그 근원에서 '소리 없는' 바람과 서로 맞닿아 있다고 보는 것이 적합하지 않겠는가? 결국 이런 식으로 추론해가자면 장자에게 있어 소리의 '차이'는 원래 없던 소리에서 개별 물상이 (임의로) 만들어낸 것이다. 그렇기 때문에 '차이'는 '차이 없음'과 상호 분리될 수 없다. 문제는 '차이'와 '차이 없음' 사이에서 정작 어느 것이 실재하는 '나'인가 하는 것이다. 우리가 자연의 다양한 소리에서 '차이'를 지각하는 것은 감각적 차원에서이다. 그런데 그 근원으로 소급해들어갈 때 이들 소리는 소리 없는 바람에서 유래한다. 그렇다면 차이는 차이 없음에 뿌리를 두고 있고 차이 없음은 차이를 통해 자신을 드러내고 있으니, 이두 개의 상호 대립적 상태가 실상은 서로 겹쳐 있음을 자각하는 것이 '자아'를 찾아가는 여정의 출발점이 되어야 하지 않겠는가? 유사한 사유를 『대승기신론』은 다음의 비유로써 밝혔다.

바닷물이 바람으로 인해 파도가 일어나서
물의 모습과 바람의 모습이 서로 분리되지 아니할 새
물 자체에는 움직이는 성품이 없으니
바람이 그치면 물의 요동치는 모습도 곧 사라질 것이나
물 자체의 젖는 성질은 소멸되지 않을 것이라.[28]

8. '의미'의 '의미'에 대하여

夫言非吹也 言者有言 其所言者 特未定也 果有言邪 其未嘗有言邪……
부언비취야 언자유언 기소언자 특미정야 과유언야 기미상유언야
故有儒墨之是非 以是其所非而非其所是 欲是其所非 而非其所是 則莫若以明
고유유묵지시비 이시기소비이비기소시 욕시기소비 이비기소시 즉막약이명

대저 말은 바람소리가 아니다. 말하는 자가 말을 함이니, 그 말한 바가 정해진 바 없다. [그렇다면] 과연 말이 있는 것이냐, 그 일찍이 말이 없는 것이냐…… 그 때문에 유가와 묵가의 시비가 있어서, 유가가 그르다는 것을 묵가가 옳다고 하며, 묵가가 옳다는 것을 유가가 그르다고 한다. 그 그르게 여기는 바를 옳게 여기고, 그 옳게 여기는 바를 그르게 여기니, 곧 밝음으로써 하는 것만 같지 않다.

Words are not just wind. Words have something to say. But if what they have to say is not fixed, then do they really say something? Or do they say nothing?……Then we have the rights and wrongs of the Confucians and the Mo-ists. What one calls right the other calls wrong; what one calls wrong the other calls right. But if we want to right their wrongs and wrong their rights, then the best thing to use is clarity.

인간의 인간다움을 규정하는 것으로 '말'을 빼놓을 수 없다. 어찌 보면 우리를 에워싼 세계는 전적으로 말과 이름으로 구성된다. 자연계를 지시하는 산하대지山河大地도 이름이요, 나를 호명하는 것도 이름이며, 심지어 '나'라는 말조차 하나의 이름일 뿐이다. 그런데 여기서 장자가 문제삼는 것은 말과 이름이 과연

거기에 합당한 실체가 있는가라는 점이다. 물론 우리는 말이 의미를 간직하고, 그 의미가 말의 실체가 된다고 믿는다. 그러나 과연 그러한가? 예를 들어 내가 지금 앞에 놓인 컵을 바라보며 '이것'이라고 말하고는 바로 뒤돌아서서 눈앞의 장미꽃을 보고 다시 '이것'이라고 한다면, '이것'이 지시하는 것은 컵인가, 장미인가. 사실 '이것'은 모든 것을 지시할 수 있지만, 동시에 그 어떤 것도 실체적으로 지시할 수 없다. 그런데 이 같은 가설은 컵이나 장미에도 동일하게 적용된다. 가령 내 앞에 열 개의 컵이 놓여 있고 그 열 개의 컵은 크기, 색깔, 질감이 모두 서로 다르다고 가정하자. 그러나 만일 이들을 전부 뭉뚱그려 '컵'이라 부른다면 정작 컵에 상응하는 실체가 있는 것인가?

그렇게 보자면 사람과 사람 간 소통의 근거가 되는 말은, 사실은 공허한 기표의 집합이다. 그럼에도 인간은 말을 통해 세계와 만나면서 말로 구성된 세계를 세계 자체와 동일시한다.[29] 장자에 의하면 말은 심지어 진실을 은폐하고 왜곡한다. 왜냐하면 나의 관점에서 '이것'이 상대의 관점에서는 '저것'이 될 수 있기 때문이다. 이 경우 '이것'과 '저것'은 언어적 기표상의 차이일 뿐, 그 말이 지시하는 '대상의 차이'를 의미하지는 않는다.

본문의 내용과 관련지어 보자면 유가儒家가 말하는 옳음(시是)이 묵가墨家가 말하는 그름(비非)이 아님을 증명할 방법은 어디에서도 찾을 수 없다. 단지 사람들은 자신이 처한 입장에서 임의로 옳음과 그름을 규정짓는 것이다. 사실이 그러한데 우리가 만일 자신이 서 있는 입장과 분리시켜 시와 비를 실체화하고 이를 토대로 시비 논쟁에 종신토록 기력을 소진한다면 그 자체가 얼마나 가련한 일이겠는가? 장자에게 있어 말의 의미는 가변적이며 고정되어 있지 않다. 그렇다면 말의 참된 의미—혹은 의미의 의미—는 무엇인가? 아마도 그것은 말 이전의 상태와 맞닿아 있을 것이다. 시와 비가 서로 대립하고 배척하기 이전의, 시도 비도 아닌 어떤 상태에 대한 상상, 그리고 그 상상이 현실에서의 각성으로 이어진다면, 결국에는 시도 시로서 완전해지고 비도 비로서 완전해지는 경계가 도래할지도 모른다. 노자는 이 근원적 경지를 시적 상징으로 암시했다.

載營魄抱一
재 영 백 포 일

혼백을 싣고 하나를 붙잡음에

能無離乎
능 무 리 호

능히 여읨이 없이 할 수 있느냐?

專氣致柔
전 기 치 유

기를 전일하게 하여 부드러움을 이룸에

能嬰兒乎
능 영 아 호

능히 어린아이같이 할 수 있겠는가?

滌除玄覽
척 제 현 람

알음알이를 씻어버림에

能無疵乎
능 무 자 호

능히 흠이 없느냐?

愛民治國
애 민 치 국

애민치국에

能無知乎
능 무 지 호

능히 무위로 할 수 있느냐?

天門開闔
천 문 개 합

하늘의 문을 열고 닫음에

能無雌乎
능 무 자 호

능히 간직해둠이 없는가?

明白四達
명 백 사 달

명백히 사방으로 통달하되,

能無爲乎
능 무 위 호

능히 무지로 할 수 있느냐?

生之畜之
생 지 휵 지

낳고 기르며

生而不有
생 이 불 유

낳되 소유하려 하지 않으며

爲而不恃
위 이 불 시

행하되 자랑하지 않으며

長而不宰
장 이 부 재
是謂玄德
시 위 현 덕

기르되 군림하지 않으니

이를 신묘한 덕이라 이르느니라.

—노자, 『도덕경』 10장

이 시에서는 '하나'를 붙잡으면 혼백이 몸을 떠나지 않는다고
말한다. 우리에게 그 하나가 무엇일지 깊이 생각해볼 일이다.

9. 낮과 밤의 공존

物無非彼 物無非是 自彼則不見 自知則知之 故曰彼出於是 是亦因彼
물 무 비 피　물 무 비 시　자 피 즉 불 견　자 지 즉 지 지　고 왈 피 출 어 시　시 역 인 피
彼是方生之說也 雖然 方生方死 方死方生 方可方不可 因是因非 因非因是
피 시 방 생 지 설 야　수 연　방 생 방 사　방 사 방 생　방 가 방 불 가　인 시 인 비　인 비 인 시

사물마다 저것 아닌 것이 없으며, 사물마다 이것 아닌 것이 없다. '저것'의 입장에서는
[이것이] 보이지 않고, 스스로를 알려고 하면 그것을 알 수 있다. 그래서 '저것은 이것
에서 나오고 이것은 또한 저것에서 말미암는다'라고 말한다. [말하자면] 저것과 이것
이 동시에 성립한다는 주장이다. 비록 그렇지만 생함이 있음에 멸함이 있고, 멸함이
있음에 생함이 있으며, 가함이 있어 불가함이 있다. 시是에 내맡기고 비非에 내맡기며,
비에 내맡기고 시에 내맡겨라.

Everything has its "that," everything has its "this." From the point of view of "that" you cannot see it,
but through understanding you can know it. So I say, "that" comes out of "this" and "this" depends on
"that"—which is to say that "this" and "that" give birth to each other. But where there is birth there
must be death; where there is death there must be birth. Where there is acceptability there must be
unacceptability; where there is unacceptability there must be acceptability.

벨기에 화가 르네 마그리트의 작품 중에 낮과 밤이 함께 어우러
진 〈빛의 제국〉이라는 그림이 있다. 상식적인 차원에서 보자면
낮은 '밤이 아닌' 것이고 밤은 '낮이 아닌' 것이니 양자가 동시적
으로 존재하는 것은 불가능하다. 그렇다면 마그리트가 그림을

통해 전달하고자 한 메시지는 무엇이었을까? 물론 여기서 화가 본인의 말을 통해 그 감춰진 함의를 살펴볼 의도는 없다. 그보다는 장자 사상을 통해 마그리트 그림의 철학적 함의를 추론해 보려 한다.

본문을 보면 장자는 모든 존재가 '저것' 아닌 것이 없으며 '이것' 아닌 것이 없다고 말한다. 그런데 논리적으로 보자면 '이것'과 '저것'은 상호 대립되는 명제인데, 어찌하여 A라는 사물이 이것이면서 동시에 저것일 수 있다고 말하는가. 이 같은 주장의 함의를 간파하기 위해서는 우선 장자 언어관에 대한 기본적인 이해가 필요하다.

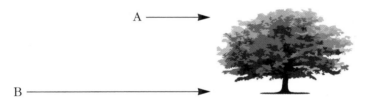

가령 위 그림에서 A와 B는 동일한 나무를 두고서 각기 이것 혹은 저것이라 이름붙인다. 여기서 하나의 나무가 이것도, 저것도 될 수 있다는 것은 이것과 저것이 공히 정해진 실체가 없다는 의미다. 그런데 이 같은 가정은 여기서 말하는 두 개의 이름에만 국한되는 것이 아니며, 실제로는 모든 언어적 표상 체계의 구조가 그러하다. 이제 언어 철학에 있어서 의미론의 문제를 인식론의 문제와 연결시켜 생각해보자. 즉 우리는 주변의 대상 사물을 어떻게 인식하는가? 다소의 이견이 있을 수 있겠지만 대부분의 경우 우리는 대상을 언어적으로 인식한다. 가까운 예로 불어의 '파피용papillon'은 '나비'와 '나방'을 함께 지칭하는 말이다. 그런데 '나비'와 '나방'의 차별이 언어적으로 존재하지 않는 이상, 프랑스인의 인식 체계 속에서 양자가 명확히 구분되지 않는 것은 전혀 이상하지 않다.

이 같은 가설에 기반하여 처음의 논의로 되돌아오면, 이것이란 말은 저것에 상대하여 조건적으로 '이것'이 될 뿐이지, 이것 자체가 단독으로 성립될 수 없다. 그렇다면 밤과 낮이라는 개념은 어떠한가? 밤은 낮에 대비하여 밤이고, 낮은 밤에 대비하여 낮이다. 달리 말해 밤은 반드시 낮의 토대 위에서 밤이 될 수 있고, 낮 또한 밤의 경우와 다르지 않다. 이렇게 사유해나가면 하나의 중요한 가설에 도달하게 된다. 즉 낮과 밤은 임의로 부여된 이름이며, 실재하는 것은 낮과 밤의 공존이다. 우리는 하루의 일정 시점을 어떠한 근거에 의거해서 낮 혹은 밤의 범주에 '전적으로' 귀속시킬 수 있는가? 일례로 '보름달'이라는 이름은 있으나 보름달에 상응하는 대상은 실제로 어디에서도 찾을 수 없다.(우리가 허공의 보름달을 인식하는 순간 보름달은 이미 이울기 시작한다.)

요약하자면 낮과 밤은 늘 함께 있다.(혹은 논리상 함께 있어야만 한다.) 그러나 인간은 낮과 밤 중에서 어느 하나만을 인식의 영역으로 가져올 뿐이다. 물론 우리가 하루의 어느 시점을 낮 혹은 밤으로 인식하는 것이 그릇되었다는 말은 아니다. 그렇지만 인간이 일생에서 경험하는 길흉화복이 사물의 드러난 일면에 대한 편향된 인식에 불과한 것이라면, '낮과 밤의 공존'이라는 발상을 통해 인간은 자신이 속한 자리에서 한 치도 이탈하지 않고 즉각적인 초월이 가능할 수 있지 않겠는가? 내가 구원의 빛을 찾아 '여기'에서 '저기'로 향해 갈 때, 저기 있던 무리는 구원의 빛을 찾아 이리로 달려오고 있을지 모른다. 왜냐하면 차안과 피안은 결국 관념의 유희일 뿐이지, 존재의 본질은 차안이면서 피안이요, 차안도 아니며 피안도 아니기 때문이다.

10. 백마비마론을 조롱하다

以指喩指之非指 不若以非指 喩指之非指也 以馬喩馬之非馬 不若以非馬
이 지 유 지 지 비 지   불 약 이 비 지   유 지 지 비 지 야   이 마 유 마 지 비 마   불 약 이 비 마
喩馬之非馬也 天地一指也 萬物一馬也
유 마 지 비 마 야   천 지 일 지 야   만 물 일 마 야

손가락으로 손가락이 손가락 아님을 밝히는 것은, 손가락 아닌 것으로 손가락이 손가
락 아님을 밝히는 것만 같지 않고, 말로써 말이 말 아님을 밝히는 것은, 말이 아닌 것
을 가지고 말이 말 아님을 밝히는 것만 같지 않다. 천지가 하나의 손가락이고, 만물이
한 마리의 말이다.

To use an attribute to show that attributes are not attributes is not as good as using a non-attribute to
show that attributes are not attributes. To use a horse to show that a horse is not a horse is not as
good as using a not-horse to show that a horse is not a horse. Heaven and earth are one attribute; the
ten thousand things are one horse.

학문이란 통상 논쟁을 통해 발전하는 법이다. 그렇게 보자면 학
문하는 이에게는 학문상의 정적이 자기의 가장 훌륭한 스승이
되는 셈이다. 춘추전국시대 장자와 공손룡의 관계가 그러하다.
공손룡은 당시 명가名家 학파의 거두로, 언어와 실재의 상관관
계를 사변론적으로 심화시키는 데 탁월한 기여를 했다. 위 본문
은 공손룡의 '백마비마론白馬非馬論'에 대한 장자의 반론에 해당
한다. 백마비마론에서 공손룡의 주장은, '흰말(백마)은 말이 아

니'라는 것이다.[30] 사실 상식적 차원에서 보면 백마가 말이 아니라는 논리는 궤변에 가깝다. 그런데 공손룡의 관점에서 보자면이 같은 주장이 전혀 근거 없는 것은 아니다. 가령 사전적 의미에서 '말'과 '흰말'을 동일시할 수 없다면, '흰말 ≠ 말'이라는 주장은 일견 타당해보인다. 그런데 장자가 공손룡의 가설을 타파하는 논리가 흥미롭다.

본문에서 '말로써 말이 말 아님을 밝힌다'라는 부분은 공손룡의 논리를 대입하여 '흰말을 가지고 흰말이 말 아님을 밝힌다'라고 풀어서 생각하면 이해가 쉬울 것이고, 후반부의 '말이 아닌 것을 가지고 말이 말 아님을 밝힌다'라는 부분은 장자 자신의 반박 논리로 이해하면 무리가 없다. 이 구절에서 관건이 되는 것은 '말이 아닌 것'의 상징성이다. 즉 장자의 관점에서 볼 때 공손룡은 '말'(혹은 '흰말')이라는 언어적 기표를 실체화시키고 있는데, 이는 언어의 본질에 대한 오해에서 비롯된 것이다. 엄밀한 의미에서 제반 언어적 기표는 고정된 실체가 없다. 예를 들어 우리가 '불火'이라는 단어를 입으로 되뇐다 할지라도 그 말 속에 '불'이 실재하지 않음은 불문가지다. 그렇게 보자면 '불'이라는 말과 실재하는 '불' 사이의 관계는 지극히 자의적일 뿐이다. 양자 간의 이 같은 관계를 간파하면 세상에 존재하는 어떠한 이름도 전부 말馬이 될 수 있고, 더불어 모든 이름이 말이 될 수 있다고 함은 역설적으로 어떠한 이름도 말이 아님을 안다는 것이다. 다소 난해한 논리지만 '말'이라는 이름이 그 의미론적 '지시성'에서 자유롭게 되면 인간이 언어문자language를 사용하되 더이상 언어문자의 논리에 속박되지 않는다. 이는 선가禪家에

서 말하는 '불립문자不立文字', '직지인심直指人心'의 경지와 흡사
하다. 결국 「제물론」에서 논변하려는 만물 평등사상의 철학적
근거가 장자의 언어관과 무관하지 않음을 '백마비마론'에 대한
단상을 통해 확인할 수 있다.

11. 조삼모사의 본래적 의미

已而不知其然 謂之道 勞神明爲一 而不知其同也 謂之朝三 何謂朝三 曰
이 이 부 지 기 연   위 지 도   노 신 명 위 일   이 부 지 기 동 야   위 지 조 삼   하 위 조 삼   왈

狙公賦芧 曰 朝三而暮四 衆狙皆怒 曰 然則朝四而暮三 衆狙皆悅 名實未虧
저 공 부 서   왈   조 삼 이 모 사   중 저 개 노   왈   연 즉 조 사 이 모 삼   중 저 개 열   명 실 미 휴

而喜怒爲用 亦因是也
이 희 노 위 용   역 인 시 야

이미 그러하나 그러한 까닭을 알지 못하는 것을 도라고 한다. 신명을 수고로이 하여
[억지로] 하나가 되려고 하고, 그것이 같음을 알지 못하는 것을 조삼이라 한다. 무엇
을 조삼이라 하는가. 저공이 도토리를 원숭이들에게 주면서 "아침에 세 개, 저녁에 네
개 주겠다"라고 하자 원숭이들이 모두 화냈다. 그런즉 다시 "[그렇다면] 아침에 네 개,
저녁에 세 개를 주겠다"라고 하자 원숭이들이 모두 기뻐했다. 이름 배후의 본질에 있
어서는 아무런 변화가 없으나 기뻐하고 노여워하는 마음이 작용했으니, 또한 시是에
맡길 따름이다.

He relies upon it and does not know he is doing so. This is called the Way. But to wear out your brain trying to make thing into one without realizing that they are all the same—this is called "three in the morning." What do I mean by "three in the morning"? When the monkey trainer was handing out acorns, he said, "You get three in the morning and four at night." This made all the monkeys furious. "Well, then," he said, "you get four in the morning and three at night." The monkeys were all delighted. There was no change in the reality behind the words, and yet the monkeys responded with joy and anger. Let them, if they want to.

『장자』에 등장하는 '조삼모사朝三暮四'는 일반인에게도 익숙한 한자성어이다. 그런데 정작 이 말의 함의를 정확히 아는 사람은 많지 않다. 본문은 저공(원숭이를 기르는 사람)이 언설을 교묘히 하여 원숭이의 노여움을 달래준다는 내용이다. 그런데 전체적으로 이야기의 초점은 저공의 말보다 원숭이의 어리석음에 맞춰져 있다. 실제로 독자 입장에서는 저공이 원숭이들을 기만할 의도로 '말장난'을 하고 있는지 판단할 근거가 없다. 그 심리적 배경이야 어찌되었건 '조삼모사'와 '조사모삼'에서 변한 것은 이름이지만 그 본질에 있어서는 줄어들거나 늘어난 바가 없다.

본질상의 변화가 없건만 그 외형적 이름의 차이를 두고 일희일비하는 원숭이는 우매한 인간을 상징한다. 그런데 좀더 곰곰이 이 우화의 숨은 뜻을 살펴보자. 무엇보다 조삼모사에서 3과 4가 지시하는 것은 단지 수량적 차이에 국한되지 않는다. 여기서 이 두 수가 지시하는 상징적 함의는 훨씬 더 광범위하다. 예를 들어 3과 4의 자리에 화/복, 흉/길, 추/미, 실/득 등의 개념을 대입해본다면, 조삼모사는 복을 탐하고 화를 싫어하며, 아름다움을 흠모하고 추한 것을 혐오하는 인간에 대한 풍자로 해석가능하다. 반면 본질적 관점에서 고찰해 들어가자면 길/흉과 화/복은 흡사 동전의 양면과 같다. 이는 밤과 낮이 하루의 두 측면이란 점에서 양자가 상호 분리될 수 없음과 동일한 논리다. 그렇다면 우리에게 필요한 것은 길과 흉, 화와 복을 동일한 관점에서 바라볼 수 있는 관조적 시각인가?

사실 장자가 조삼모사의 우화를 통해 풍자하려던 것은 3과 4, 즉 길과 흉을 동일한 관점에서 관조하려 한 무리였다. 물론 지금까지 서술한 내용에 의거하면 이러한 주장은 뜬금없이 들릴지 모른다. 그런데 본문의 도입부에서 장자가 제시한 복선에 주목해보자. '노신명위일勞神明爲一'이란 '억지로 생각을 짜내어 3/4와 4/3을 동일시하려는' 무리를 지칭한다. 즉 우리는 길/흉과 화/복, 미/추와 득/실이 서로 다르지 않다는 것을 '관념적'으로 이해하며 양자를 사변적으로 통합하고자 한다. 그러나 서로 다른 두 대상을 '통합'하려는 주체는 여전히 자신이 생각을 짜내어 하나로 만든 대상에서 분리되어 있다. 그렇게 보자면 진정한 '통합'은 통합할 대상이 사라진 상태이다. 예를 들어 '바위'는 스스로가 '나무'와 다르다는 생각을 가지고 있을까? 나아가 자신과 나무를 동일한 자연의 대상으로 통합하려는 생각을 해본 적이 있을까? 바위가 '바위'라는 아상我相을 갖지 않는 이상, 바위와 나무는 원래가 하나의 자연이다. 그것이 3/4와 4/3이 진실로 같아지는 경지이며, 본문에서는 이를 "이미 그러하나 그러한 까닭을 알지 못하는 것"이 '도道'라고 명시했다.

결국 조삼모사의 우화에서 원숭이는 아상을 가진 인간에 대한 비유이며, 저공은 '내가 나를 잃어버린' 경지인 '오상아吾喪我'를 체득한 성인에 대한 비유이다. 관건은 길/흉이 같다 혹은 다르다의 시비 판단이 아니다. 봄이 오면 천지는 봄과 하나가 될 뿐이고, 가을이 되면 천지는 또한 가을과 하나가 될 뿐이다. 하나가 된다 함은 하나가 될 '나'가 없어지는 경지다. 장자가 말한 '본래 같은 것을 알지 못함'의 함의는 두 겹으로 둘러싸인 비유적 장치를 제거했을 때 비로소 그 진의가 드러난다.

12. 시간과 공간에 대한 단상

天下莫大於秋毫之末 而大山爲小 莫壽於殤子 而彭祖爲天 天地與我並生
천 하 막 대 어 추 호 지 말 이 태 산 위 소 막 수 어 상 자 이 팽 조 위 요 천 지 여 아 병 생
而萬物與我爲一
이 만 물 여 아 위 일

천하에는 가을철 짐승의 털끝보다 큰 것이 없고, 오히려 태산은 작은 것이 된다. 일찍 죽은 아이보다 장수한 사람이 없고, 오히려 〔칠백 년을 산〕 팽조는 일찍 죽은 것이다. 천지가 나와 함께 생하고, 만물이 나와 더불어 하나이다.

There is nothing in the world bigger than the tip of an autumn hair, and Mount T'ai is little. No one has lived longer than a dead child, and P'eng-tsu died young. Heaven and earth were born at the same time I was, and the ten thousand things are one with me.

시간을 설명하는 구조론적 단위로 우리는 흔히 '처음'과 '끝'이라는 개념을 사용한다. 즉 처음과 끝이라는 개념에 의거하여 우리는 '시간'의 실체성을 암암리에 확신하고 있으니, 역으로 처음과 끝의 가상성을 증명할 수 있다면 시간 개념 또한 동시적으로 소멸될 수밖에 없다. 그로 인해 장자는 시간이라는 추상적 개념을 통해 시간의 속성을 논하기보다 우리가 일상에서 흔히 경험하는 '처음'의 본질을 파헤쳐 궁극에는 시간 개념의 허구성을 논파하고자 한다.(단 본문에서 장자가 '시작'만을 문제삼는 이유는 시작이란 개념이 해체될 경우 거기에 상대하여 성립되

는 '끝'의 개념은 자연적으로 와해되기 때문이다.) 본문에서 장자가 사용하는 논리는 다분히 귀납적이다. 즉 '처음'이라는 개념이 '실재'인지 '허구'인지를 주장하기보다 처음이 존재할 수 없음을 논리적으로 증명하고 있다. 구체적으로 보자면 모든 처음은 '처음 이전'에 의해 부단히 해체된다. 달리 말해 '처음'은 실체가 아니다. 시간을 구성하는 두 개의 축으로서 시작과 끝이 해체된 이상 거기에 의존하는 시간 개념 또한 독립적으로 존재할 수 없다. 그렇다면 정작 확인할 수 있는 것은 시간을 사유하는 우리의 '마음'이며, 마음 바깥에 객관적으로 시간이 실재하는지 증명할 방도는 없다.

한편 장자가 공간 개념을 해체하는 방식 또한 특이하다. 장자에게 '있음'은 '없음'에 상대해서 존재한다. 그런데 노장 철학에서 상대적으로 존재하는 모든 것은 객관적 실체가 아니며, 그렇기 때문에 있음과 없음 사이에서 과연 어느 것이 실재하는 것인지 증명할 도리가 없다. 달리 말하면 있음과 없음은 개념적으로만 구분될 뿐, 본질에 있어서는 서로 분리되어 있지 않다.(태극도에서 음양이 S자 곡선으로 서로 맞물려 있음을 주목할 필요가 있다. 즉 음양은 각각이 서로의 뿌리가 된다는 의미다.)

있음과 없음의 구분 자체가 허구인 이상 대소大小의 개념은 더더욱 존재할 수 없다. 우리는 단지 상대적 맥락에서 크다/작다를 규정할 수 있을 뿐이며, 상대성을 떠난 절대적 큼(혹은 절대적 작음)의 개념은 성립되지 않는다. 즉 시간에 있어서의 처음과 끝이 실체가 없는 공허한 기표인 것처럼, 공간에 있어서의 크고 작음 또한 고정된 체體가 없다. 시공 관념에 대한 이 같은

태극도

철학적 논증을 거쳐 장자는 하나의 역설을 제시한다.

본문에서 말하는 '가을철 짐승의 털끝'은 인간이 인식할 수 있는 가장 작은 사물에 대한 비유이다. 그러나 이 극소의 물체가 무한히 큰 것이 될 수 있고, 우리가 극대의 상징으로 제시하는 '태산'이 오히려 극소의 대상이 될 수 있다.(본문에서 시간의 허구성을 드러내기 위한 비유도 동일한 논리에 기대고 있다.) 결국 여기서 장자가 지적하려는 것은 우리의 인식이 분별작용을 멈추면 우주는 근원에서 하나가 된다는 것이다. 사족이지만 인간의 실존적 불안은 그 근원적인 '하나'로부터 분리되면서 스스로가 초래한 것이다. 예전 중국 선종의 이조二祖였던 혜가慧可 (487-593)가 보리달마를 친견하면서 주고받았다는 대화가 전한다.

혜가가 말한다. "마음이 불안합니다."

달마가 답한다. "그 마음을 가져오너라."

혜가가 말한다. "마음을 찾아보았으나 마음이 없습니다."

달마가 말한다. "안심이니 끝났구나."

13. 다문화 공생의 철학적 근거

昔者 堯問於舜曰 我欲伐宗·膾·胥敖 南面而不釋然 其故何也 舜曰 夫三子者
석자 요문어순왈 아욕벌종 회 서오 남면이불석연 기고하야 순왈 부삼자자

猶存乎蓬艾之間 若不釋然 何哉 昔者 十日竝出 萬物皆照
유존호봉애지간 약불석연 하재 석자 십일병출 만물개조

而況德之進乎日者乎
이황덕지진호일자호

옛날에 요 임금이 순에게 물었다. "내가 종나라, 회나라, 서오를 정벌하고자 하는데 제
왕으로서 마음이 편치 않거늘, 그 까닭이 무엇인가?" 순이 대답했다. "이 세 나라는 아
직도 쑥밭 사이에 있거늘, 당신께서 불편해하는 것은 무엇 때문이겠습니까. 옛날에 열
개의 태양이 함께 떠올라 만물을 모두 비추었는데, 하물며 덕이 태양보다 더 나은 사
람이겠습니까."

Long ago Yao said to Shun, "I want to attack the rulers of T'sung, K'uai, and Hsu-ao. Even as I sit on
my throne, this thought nags at me. Why is this?" Shun replied, "These three rulers are only little
dwellers in the weeds and brush. Why this nagging desire? Long ago, then suns came out all at once
and the ten thousand things were all lighted up. And how much greater is virtue than these suns!"

지난 세기 우리의 역사 교육에서는 한민족韓民族이 반만년의 유
구한 역사를 지닌 단일민족이라는 '사실史實'에 대해 누구도 이
의를 제기하지 않았다. 지금 생각하면 당시의 지정학적 상황에
서 순수혈통에 대한 국가 차원에서의 강조는 이데올로기적으로
민족정기를 고취함에 있어 매우 효율적인 방법이 될 수 있었을

것이다.[31] 그러나 전지구화 시대로 접어든 오늘날 시점에서 문화적·인종적 순수주의만을 고집하는 것은 불가능하다. 오히려 그 같은 폐쇄적 입장은 우리의 국력 신장에 별반 도움이 되지 않을 것이다. 실제로 현대 한국사회는 문화적, 이념적, 그리고 인종적 차원에서조차 '다원화' 추세로 급속히 이행하고 있다. 그것이 부인할 수 없는 현실이라면 이제는 서로 다른 '나'가 더불어 공생할 방도를 심각히 강구하지 않으면 안 된다. 물론 나로서는 이 사안과 관련하여 근원적인 해법을 제시할 만한 식견이나 여력은 없다. 단지 장자 사상에 비추어 이 문제를 한번쯤 진지하게 성찰해보고자 할 뿐이다.

본문은 요와 순의 가상 대화로 구성돼 있다. 당시 요가 통치하던 중원은 여러 이민족과 인접해 있었으며, 이에 요는 군사를 일으켜 이들 변방 국가를 정벌하고자 한다. 그런데 정작 무력으로 이들 국가를 정벌하려니 요는 마음 한구석에 꺼림칙한 느낌을 지울 수 없었다. 이 같은 요의 심리를 꿰뚫은 순의 답변이 의미심장하다. 순은 요의 내적 갈등에 대해 "옛날에 열 개의 태양이 함께 떠올라 만물을 비추었"다는 비유로 답한다. 순이 의미하는 것은 하늘에 열 개의 태양이 떠올라 동시에 만물을 비춘다 할지라도 각각의 태양이 서로 걸림이나 방해됨이 없다는 뜻이다. 달리 말하자면 방 안에 백 개의 등불이 일시에 빛을 발한다 할지라고 각각의 등불은 자신의 개체성을 잃지 않으면서, 한편에서는 다른 모든 등불과 함께 어우러져 장엄하게 방을 비출 것이다.

순의 비유에는 하나의 거대한 등불이 홀로 '군림'하기 위해, 다른 미세한 등불을 억압하거나 파괴한다는 패권주의적 발상이 없다. 오히려 모든 등불이 개체로서 충만해질수록 세계는 더욱 장엄하게 빛난다. 물론 순의 의도를 요는 이심전심으로 즉각 간파했을 것이다. 그런데 순의 답변은 여기서 끝나지 않는다. "하물며 덕이 태양보다 더 나은 사람이겠습니까." 순이 기지를 발휘해 요 임금의 석연찮은 마음을 일깨워주었으나 요는 여전히 자신의 주군이다. 구름이 태양을 가려 잠시 밝음이 사라졌다 할지라도 태양이 결코 그 본래의 빛을 상실한 것은 아니다.

끝으로 '猶存乎蓬艾之間'의 해석과 관련하여 약간의 설명을 덧붙여야겠다. 본문을 살펴보면 이는 '南面而不釋然'과 미묘한 대조를 이루고 있다. 여기서 '남면南面'은 왕의 자리, 즉 하늘 아래 인간 세상에서는 최고의 영광스런 지위이다. 그런데 정작 왕인 요는 마음이 편치 못하다. 그에 반하여 문명의 세례조차 받지 못한 종, 회, 서오는 오히려 한가로이 쑥밭 사이를 노닌다. 물론 이는 하나의 비유이다. 그러나 문명의 제왕인 요 임금과 자연 상태를 벗어나지 못한 종, 회, 서오 중 누가 과연 진정으로 행복한가? 적어도 동서고금을 막론하고 사람이라면 누구나 행복의 참된 의미에 대해 한번쯤 고민해보지 않은 적이 없을 것이다. 그렇기 때문에 장자의 이야기는 그 본질에 있어 지금 우리의 이야기가 될 수밖에 없다.

14. 삶과 죽음에 대한 해학적 성찰

予惡乎知 說生之非惑邪 予惡乎知 惡死之非弱喪而不知歸者邪 麗之姬
여 오 호 지 열 생 지 비 혹 야   여 오 호 지   오 사 지 비 약 상 이 부 지 귀 자 야   이 지 희

艾封人之子也 晉國之始得之也 涕泣沾襟 及其至於王所 與王同筐牀
애 봉 인 지 자 야   진 국 지 시 득 지 야   체 읍 첨 금   급 기 지 어 왕 소   여 왕 동 광 상

食芻豢而後 悔其泣也 予惡乎知夫死者 不悔其始之蘄生乎
식 추 환 이 후   회 기 읍 야   여 오 호 지 부 사 자   불 회 기 시 지 기 생 호

내 어찌 생을 좋아함이 미혹이 아님을 알며, 죽음을 싫어하는 것이 마치 젊어서 집을
떠나 고향으로 되돌아갈 줄 모르는 것이 아님을 어찌 알겠는가. 이희는 애나라 국경지
기의 딸이다. 진나라가 처음 그 여자를 데려갈 때 눈물을 흘리며 옷깃을 적시더니, 왕
의 처소에 이르러 왕과 함께 침상을 같이 쓰고 쇠고기, 돼지고기 등 진귀한 음식을 먹
음에, 처음에 슬피 운 것을 후회했다. 내 어찌 살아생전 죽지 않기를 바란 것을, [나중
에] 후회하지 않을 것을 어찌 알겠는가.

How do I know that loving life is not a delusion? How do I know that in hating death I am not like a
man who, having left home in his youth, has forgotten the way back? Lady Li was the daughter of the
border guard of Ai. When she was first taken captive and brought to the state of Chin, she wept until
her tears drenched the collar of her robe. But later, when she went to live in the palace of the ruler,
shared his couch with him, and ate the delicious meats of his table, she wondered why she had ever
wept. How do I know that the dead do not wonder why they ever longed for life?

사람이 한평생 살아가면서 각자 속한 환경에 따라 그 경험의 장
도 다를 것이며, 그로 인해 동일한 대상이라 할지라도 보는 관
점에 따라 다양한 해석이 존재할 수 있다. 그럼에도 불구하고

'태어나고' '죽는' 문제만큼은 어느 누구에게나 가장 근원적이며 중대한 일생의 대사가 아닐 수 없다. 그런데 이 두 가지 중대한 사건에 대해서 정작 우리가 경험할 수 있는 영역은 극히 제한적이다. 엄밀히 말하자면 출생과 죽음에 대해 우리는 어떠한 정보도 갖고 있지 못하다. 그러나 한 가지 분명한 것은 우리가 통상 양자를 **동시적으로** 사유한다는 사실이다. 즉 우리의 관념체계에서 생과 사는 흡사 동전의 양면처럼 서로 맞붙어 있다. 사람이 세상에 태어난 이상 '죽음'은 이미 예정된 것이며, 역으로 태어나지도 않은 어떤 가상적 존재에 대해 '죽음'을 예견하는 것은 무의미하다. 그렇다면 삶과 죽음의 이 같은 비분리적 관계성을 토대로 양자의 본질을 추론해보는 것이 가능하지 않을까?

대개 인간은 새로운 생명의 탄생을 경이로움과 함께 기쁨으로 맞이하지만, 지인이나 가족의 죽음을 경험할 때면 비통한 마음을 금치 못한다. 그런데 생과 사가 동전의 양면처럼 서로 붙어 있을진대 왜 인간은 양자에 대해 이처럼 상반된 감정을 가지고 있는 것인가? 『장자』 내편에는 죽음에 관한 단상이 여러 차례 등장하는데, 대다수의 경우 죽음을 생명현상의 한 과정으로 파악한다. 즉 '태어남을 기뻐하고 죽음을 싫어하는說生惡死' 편향적 시각이 없다. 본문에 등장하는 우화는 이 같은 맥락에서 중생의 그릇된 생사관을 타파하기 위해 쓰인 것으로, 장자의 단상은 두 가지 비유를 통해 드러난다. 첫째는 '죽음'을 고향에 빗대는 것이다. 알다시피 고향은 우리의 존재 자체가 상징적으로 귀속되는 공간인데, 본문의 서술처럼 죽음이 각자의 '고향으로 되돌아가는 것'이라면 위 비유가 암시하는 것은 삶과 죽음의 근원적 상동성이다. 혹은 조금 다른 차원에서 논하자면, 삶의 매 순간은 죽음과 겹쳐 있다. 가령 '말'과 '침묵'을 사유할 때, 말은 침묵의 소멸을 전제하며 침묵은 말이 사라진 자리다. 말의 관점에서 '삶'인 것이 침묵의 관점에서는 '죽음'이 되며, 침묵의 관점에서 '삶'인 것이 말의 관점에서는 '죽음'이 된다. 결국 삶은 순전한 삶이 아니며, 죽음도 순전한 죽음이 아니다. 이처럼 삶과 죽음이 본질적으로 둘이 아닐진대, 양자를 분리하여 각각에 대한 상반된 감정을 견지하는 것이 어찌 어리석음의 극치가 아니겠는가?

본문의 두번째 우화에 등장하는 이희는 애나라 국경 관문지기의 딸이었다. 물론 고사에는 관문지기 딸로서의 생활이 어떠했는가에 대해 자세한 언급이 없다. 그러나 적어도 그 삶이 궁핍하고 고달팠으리라는 것은 충분히 예측할 수 있다. 그러던 중 이희가 진나라에 강제로 잡혀간다. 아마도 그 과정에서 이희는 낯선 이국땅에 끌려가지 않으려 저항하고 발버둥쳤을 것이다.(여기까지는 죽음에 직면한 인간의 보편적 정서를 비유로써 묘사한 것이다.) 그런데 곰곰이 생각해보면 이희가 진나라로 잡혀가는 것을 두려워하고 슬퍼하는 것은 지금, 여기서 국경지기 딸로 살아가는 것이 즐겁고 행복해서가 결코 아니다. 그보다는 미지의 세계에 대한 두려움 때문이다. 물론 이 부분을 지나치게 확대해석하면 '죽음 이후 펼쳐질 새로운 세계가 우리의 현재 삶보다 훨씬 행복할 수 있다'는 의미로 오독될 수 있다. 그러나 엄밀히 말해 『장자』 내편 어디에서도 사후 세계에 대하여 구체적으로 언급한 대목을 발견할 수 없다. 그렇다면 본문에 등장하는 우화를 어떻게 이해하는 것이 장자 사상의 전반적 취지에 가장 부합할 것인가? 아마도 장자가 역설하려는 것은 삶과 죽음을 우리의 '관념'으로 재단한 연후, 거기에 대해 호오好惡의 감정을 부여하지 말라는 의미일 것이다. 어찌 보면 삶과 죽음이라는 개념 자체가 이미 관념론적으로 잉태된 것이며, 따라서 생사가 동시적으로 부정(혹은 초월)될 때 바로 그 자리에서 존재의 본질이 여실하게 드러난다는 것이다. 그렇다면 그 근원 자리가 본문에서는 어떻게 호명되고 있는가? 장자는 '어찌 알겠는가惡乎知'라고 말할 뿐이다. 그런데 역설적이지만 그 '알 수 없음'에 장자 사상의 모든 핵심이 감춰져 있다.

15. 꿈속에서 꿈을 논하다

夢飲酒者 旦而哭泣 夢哭泣者 旦而田獵 方其夢也 不知其夢也 夢之中
몽음주자 단이곡읍 몽곡읍자 단이전렵 방기몽야 부지기몽야 몽지중
又占其夢焉 覺而後知其夢也 且有大覺而後 知此其大夢也 而愚者 自以爲覺
우점기몽언 교이후지기몽야 차유대각이후 지차기대몽야 이우자 자이위교
竊竊然知之
절절연지지

꿈속에서〔즐겁게〕술을 마시던 사람이 아침이 되면 슬피 울고, 반대로 꿈속에서 슬피
울던 사람이 아침이면 사냥하러 나간다. 바야흐로 꿈을 꿀 때는 그것이 꿈임을 알지
못하고 꿈속에서 그 꿈을 점치다가, 깨어난 후에 그것이 꿈이었음을 안다. 또한 큰 깨
달음이 있은 후에야 그것이 큰 꿈이었다는 사실을 알 터인데, 어리석은 사람은 스스로
깨어 있다고 여기며 지혜롭다고 뽐낸다.

He who dreams of drinking wine may weep when morning comes ; he who dreams of weeping may
in the morning go off to hunt. While he is dreaming he does not know it is a dream, and in his dream
he may even try to interpret a dream. Only after he wakes does he know it was a dream. And
someday there will be a great awakening when we know that this is all a great dream. Yet the stupid
believe they are awake, busily and brightly assuming they understand things.

동아시아 문학작품에는 '꿈'의 모티프가 빈번히 등장한다. 물론
꿈의 함의가 작품의 내용에 따라 다양하게 해석될 수 있기 때문
에 이를 획일적으로 규정하는 것은 적절치 않다. 장자에 있어
'꿈'은 흔히 언어적으로 지시할 수 없는 궁극적 실재를 드러내

기 위한 문학적 장치다. 그런데 궁극적 실재가 정작 감각적 인식의 영역을 넘어서 있는 것이라면, 경험에 기반하여 우리가 지각하고 반응하며 감정 작용을 일으키는 현상세계는 일종의 신기루 같은 것이다. 신기루의 본질은 정해진 '꼴'이 없다는 것이며, 그렇기 때문에 (역으로) 그것을 지각하는 주체의 관점에 상응하여 시시각각 변화할 수 있다. 본문에서는 '꿈속에서 술을 마시며 즐거워했던 사람이 아침이 되면 슬피 운다'고 했다. 물론 여기서 비유의 의도는 꿈과 현실을 도식적으로 대비하기 위한 것이 아니라, 현상세계가 끊임없이 '천류遷流'하고 있음을 밝히기 위함이다. 그런데 만일 '변화'가 존재의 본질이라고 가정한다면 그것은 인간의 인식 작용에 어떻게 배치되는가?

　비근한 예로 내가 눈앞의 '빨간 사과'를 인식할 때 인식의 대상이 되는 것은 테이블 위에 실재하는 사과가 아닌, '빨강'과 '사과'가 개념적으로 결합된 관념의 산물이다. 즉 '빨강'은 색채적 개념이며, '사과'라는 이름 속에는 (사과의) 맛, 모양, 과일류 등의 복합적 의미가 이미 혼재돼 있다. 결국 나는 '사과'에 대한 나의 선행지식을 토대로 눈앞의 '빨간 사과'를 인식하는 것이다. 그런데 앞서 말한 변화의 맥락에서 볼 때 이 같은 '개념'은 변화에서 분리되어 홀로 존재한다. 나아가 변화에서 분리된 개념은 '불변'이 되고, 불변은 집착의 대상으로 탈바꿈한다.(집착의 대상이 되기 위해 그 대상은 불변하는 어떤 것이 되어야 한다. 그런데 '무상無常'이 '나'와 '세계'의 본질이라면 집착하는 '나'도, 내가 집착할 '대상'도 공히 소멸되어야 할 것이다.)

　지금까지 서술한 일련의 과정에서 실은 이번 주제인 꿈의 기

제가 모두 드러났다. 우리가 꿈속에서 태산보다 큰 금덩어리를 발견했다 할지라도, 아침에 깨어나면 더이상 거기에 연연하지 않을 것이다. 그것이 실재가 아님을 알기 때문이다. 나아가 우리는 '꿈에서 깨어나 꿈인 줄 알아차린다'는 내용을 통해 하나의 중요한 가설에 도달한다. 즉 '알아차림'은 자신이 집착할 대상이 실체가 없음을 알아차리는 것이다. 본문을 보면 꿈꾸는 사람은 스스로를 '지혜롭다' 여기며 '깨어 있다'고 확신한다. 그렇기 때문에 그들에게 삶은 꿈이 아니며, 따라서 나와 세계는 모두 집착의 대상이 된다. 본문에 등장하는 우화에서 한 가지 분명한 사실은 꿈과 현실을 이분법적으로 구분하는 것이 그다지 중요하지 않다는 것이다. 우리가 아침에 일어나 어젯밤 꿈이 꿈이었던 것을 알아차리는 이상 '꿈'은 진실이 되지만, 꿈에서 깨어나 일상으로 돌아왔을 때 자신을 에워싼 제반 현실이 실재한다고 여긴다면 그 현실은 역으로 꿈이 된다.

무릇 현상세계에 존재하는 모든 대상은 그 본질이 비어 있다. 그러나 그 비어 있는 현상의 본질을 알아차리기 위해서는 내 인식상의 질적 변화가 선행되어야 한다. 앞서 지적한 것처럼 내가 눈앞의 빨간 사과를 인식할 때 그 인식의 대상이 되는 것은 여러 개념의 '임시적 결합(가합假合)'이다. 그렇다면 '빨간 사과'의 본질이 비어 있음을 간파하기 위해 나는 내 사유 속에 존재하는 개념을 먼저 문제삼아야 한다. 이를 불교에서는 말과 이름을 떠나 대상을 '진실되게 있는 그대로如實' 알아차린다고 했다. 내가 꿈속에서 갖은 악몽에 시달릴지라도 꿈에서 깨어나면 '나'를 괴롭히던 대상이 종적도 없이 사라진다. 원래 없던 허깨비를 원래 없는 것으로 직시하는 것이 장자가 말하는 '꿈에서 깨어남'의 요지다. 내가 깨어 있으면 세계가 깨어 있듯이 내가 꿈속에 있으면 세계와 내가 함께 꿈속에 있다. 결론적으로 장자의 '깨어 있음'은 비어 있는 세계의 본질을 있는 그대로 관조하는 것이다.

제3편
내 생의 주인을 기르다

「양생주養生主」는 우리가 일생에서 진정으로 길러야 할 삶의 주체가 무엇인지를 밝히는 장이다. 한국사회도 이제 기본적인 의식주의 문제가 어느 정도 해결되면서 웰빙에 대한 관심이 고조되고 있다. 그런 의미에서 「양생주」는 21세기를 살아가는 우리 모두에게 매우 시사적인 내용이 될 수 있을 것이다. 「양생주」라는 제목은 두 가지 해석이 가능하다. 하나는 '삶生의 주체主를 기르다養'라는 의미로, 여기서는 생의 주체, 즉 정신적 영역이 강조된다. 둘째는 '삶生을 양육養하는 근본의미主'라는 뜻으로, 이 경우 '생'은 정신과 육체를 모두 포괄하는 개념으로 이해할 수 있다. 그러나 일단은 양자의 해석 가능성을 모두 열어두면서 독자가 자유롭게 자신의 입장을 정해도 큰 무리가 없을 것이다.

「양생주」의 기본 내용은 삶의 양육을 '저해'하는 요인에 대한 분석으로 이루어져 있다. 이를 일별하면 하나는 육체적인 것으로서 이는 겉으로 드러나 오히려 쉽게 공략할 수 있지만, 다른 하나의 요인인 마음의 병은 속으로 감춰져 있어 뿌리를 근절하기가 쉽지 않다. 장자는 후자를 인간의 사변적 지식에 대한 추구, 명예에 대한 욕구 등 다양한 관점에서 서술했다. 「양생주」의 이 같은 논지가 언뜻 보면 과장된 측면이 있는 듯하지만, 실제로 현대인의 제반 질병의 근본 원인이 정신적 부조화에서 비롯되고 있음을 상기한다면 장자의 지적이 터무니없는 것도 아니다. 그렇다면 양생의 근본 비결은 무엇인가? 장자는 포장의 '소 잡는 비유'를 통해 양생의 도리를 밝힌다. 이를 우리 시대 무성한 웰빙 담론과 비교하면 그 처방의 위력은 가공할 수준이다. 물론 이는 어디까지나 실천이 전제되었을 때의 이야기다.

16. 난세를 이기는 처세의 도리

吾生也有涯 而知也無涯 以有涯隨無涯 殆已 已而爲知者 殆而已矣
오생야유애 이지야무애 이유애수무애 태이 이이위지자 태이이의

爲善無近名 爲惡無近刑 緣督以爲經 可以保身 可以全生 可以養親 可以盡年
위선무근명 위악무근형 연독이위경 가이보신 가이전생 가이양친 가이진년

우리의 생은 한계가 있지만 앎은 무한하다. 끝이 있는 것을 가지고 끝이 없는 것을 추구한다면 위태로울 뿐이다. 그런데도 앎을 추구한다면 더욱 위태로울 뿐이다. 선을 행하되 명예에 가까이 가지 말며, 악을 행하되 형벌에 가까이 가지 말고, 가운데中를 따라서 이를 근본으로 삼으면 자기의 몸을 지킬 수 있고, 자신의 생명을 온전하게 할 수 있고, 어버이를 잘 봉양할 수 있으며, 천수를 누릴 수 있다.

Your life has a limit but knowledge has none. If you use what is limited to pursue what has no limit, you will be in danger. If you understand this and still strive for knowledge, you will be in danger for certain! If you do good, stay away from fame. If you do evil, stay away from punishments. Follow the middle; go by what is constant, and you can stay in one piece, keep yourself alive, look after your parents, and live out your years.

인류 역사를 통틀어 과연 태평성세가 존재한 적이 있을까? 그렇지만 적어도 종교의 맥락에서 보자면 괴로움의 정도에 차이가 있을지언정, 인간의 삶은 본질상 '고해苦海', 고통의 바다 위를 표류하고 있다. 그렇기 때문에 동서고금의 철학과 종교는 이같은 인간 고통의 원인과 고통에서 벗어나기 위한 방편을 제시

한다. 사실 번뇌와 고통을 여읜 '저세상'에서의 삶이 아무리 영화롭다 할지라도 그것은 차후의 문제이다. 우선은 현실의 고통에서 벗어나는 것이 급선무이다. 「양생주」편은 우리의 참 생명을 보존하고 양육하기 위한 해법을 제시하는데, 장자의 혜안은 고통의 원인에 대한 근원적 성찰에서 출발한다.

본문에서 장자는 '지식'에 대한 인간의 과도한 욕구가 양생의 도리에 위배된다고 경고한다. 물론 이 같은 입장은 '아는 것이 힘'이라며 권장해온 현대사회의 기저와 외형상 정면으로 배치된다. 그러나 장자의 논리는 단순명료하다. 즉 외부 사물에 대한 우리의 지식은 세계의 변화와 더불어 부단히 변할 수밖에 없으며, 따라서 유한한 '삶'으로 무한한 '앎'을 추구하는 것은 심히 위태롭다는 것이다. 이러한 관점에서 장자의 주장을 부연설명하자면, 장자는 '앎'을 두 가지 층위로 나누어 사고했던 듯하다. 하나는 '나'에 대한 앎이요, 다른 하나는 '세계'에 대한 앎이다. 유교식으로 말하자면 나를 아는 것이 근본이요, 세계를 아는 것은 말단이다. 결국 장자가 여기서 비판하는 것은 어찌 보면 근본을 수립하지 않은 상태에서 지엽을 추구하는 것에 대한 일종의 경고라 해석할 수 있다.[32]

인간의 양생을 저해하는 두번째 병폐는 선과 악의 양극단 중 어느 한쪽으로 치우치는 것이다. 상식적으로 볼 때 악한 일을 행해서 형벌을 받는 것이 양생을 해친다고 생각하는 것은 지극히 당연한 일이다. 그런데 장자가 보기에 선을 행해서 명예를 구하고자 하는 것도 양생을 저해하는 중대한 요인이다. 이 무슨 괴이한 발상인가? 그런데 이 같은 양비론적 사유와 관련된 장자의 숨은 의도를 파악하기 위해서는 '연독이위경緣督以爲經'의 함의를 정확히 이해해야 한다. '연독'에서 '독'[33]은 '가운데'라는 뜻인데, 그렇다면 '가운데를 따라서 이를 근본으로 삼는다'는 논리의 핵심은 무엇인가? 이는 처신을 함에 있어 선과 악의 양 극단을 미리 정한 연후, 그 고정된 잣대를 (자기) 행위의 규범으로 삼지 말라는 것이다. 우리가 현실에서 경험하는 것처럼 갑과 을이 서로 대립할 때 갑의 선은 을의 악이 될 수 있고, 을의 선은 갑의 악이 될 수 있다. 말하자면 선과 악의 구분은 대상에 있는 것이 아니라 대부분 '나'의 입장에 의해 결정된다. 그렇다면 '악'을 제거하기 위해서는 선이 먼저 사라져야 한다. 그것이 장자가 말하는 '연독이위경'의 철학적 함의이다. 물론 이런 주장을 선뜻 수용하기란 쉽지 않다. 그러나 인류 역사상 대부분의 살육과 전쟁이 '선'과 '정의'의 이름으로 자행되었음을 상기한다면 장자의 논지가 터무니없는 것도 아닐 성싶다.

17. 내 삶에 공터를 만들어라

臣之所好者道也 進乎技矣 始臣之解牛之時 所見無非全牛者 三年之後
신 지 소 호 자 도 야   진 호 기 의   시 신 지 해 우 지 시   소 견 무 비 전 우 자   삼 년 지 후

未嘗見全牛也 方今之時 臣以神遇而不以目視 官知止而神欲行 依乎天理
미 상 견 전 우 야   방 금 지 시   신 이 신 우 이 불 이 목 시   관 지 지 이 신 욕 행   의 호 천 리

批大郤 導大窾因其固然
비 대 극   도 대 관 인 기 고 연

제가 좋아하는 것은 도이며, 이는 기술에서 더 나아간 것입니다. 처음 제가 소를 잡을 때는 눈에 보이는 것으로 온전한 소 아닌 것이 없었습니다. 그런데 3년이 지난 뒤에는 온전한 소는 보이지 않게 되었습니다. 지금은 제가 신령으로 소를 대하고, 눈으로 보지 않습니다. 감각기관의 지각활동이 멈추고 대신 신령이 작용하면, 자연의 이치를 따라 커다란 틈새를 치며 넓은 공간에서 칼을 움직이되, 본시 그러한 바를 따를 뿐입니다.

What I care about is the Way, which goes beyond skill. When I first began cutting up oxen, all I could see was the ox itself. After three years I no longer saw the whole ox. And now—now I go at it by spirit and don't look with my eyes. Perception and understanding have come to a stop and spirit moves where it wants. I go along with the natural makeup, strike in the big hollows, guide the knife through the big opening, and follow things as they are.

'포정의 고사'는 「양생주」에서도 문학성이 높은 대목이다. 포정은 우리 식으로 말하자면 '소 잡는 백정'에 해당한다. 그런데 장자는 포정을 당시 왕이었던 문혜군의 정신적 멘토로 설정한

다.[34] 물론 여기에 등장하는 포정과 문혜군 모두 가공의 인물로 보는 것이 타당할 것이다. 이야기는 포정이 소를 잡는 장면에서 시작한다. 포정이 칼질하는 모습을 지켜보던 문혜군은 자기도 모르게 탄식하며 나직이 읊조린다.

"아! 기술이 어찌 이런 경지에 이를 수 있는가!"

그 말을 들은 포정의 답변이 예사롭지 않다.

"제가 좋아하는 것은 도이며, 이는 기술에서 더 나아간 것입니다."

그런데 도가 기술보다 한 단계 더 높은 경지라면 그 둘의 차이는 무엇인가? 포정이 다시 비유를 들어 설명한다.

"제가 처음 소를 잡을 때는 눈에 보이는 것으로 온전한 소 아닌 것이 없었습니다."

즉 당시 그에게 소는 감각적 인식의 대상으로 존재했던 것이다. 그로 인해 포정과 소는 주관과 객관으로 분리되고 포정에게는 소에 대한 '알음알이'가 생긴다. 여기까지가 기술의 단계이다. 즉 기술은 앎이 있다.

그러다가 3년이 지난 뒤에 소가 사라졌다. 말하자면 앎, 지知가 무지無知로 전이되는 과정이다. 여기서 한 단계 더 나아가니 신神을 통해 소를 대하고, 더이상 소를 '눈'으로 보지 않게 되었다. '눈으로 보지 않는다' 함은 인식 작용이 정지하고, 이로부터 나와 대상을 구분하는 분별심이 사라졌음을 의미한다. 주관과 객관이 하나로 통합된 경지에서는 모든 인위적 인식 작용이 불필요하다. 이제는 자연이 인도하는 대로 몸을 맡기면 그뿐이다. 그런데 '나'가 사라지고 보니 신기하게도 소의 몸 곳곳에서 '틈

새'와 '공간'이 뚜렷이 나타났다. 과거 포정이 처음 소를 잡을 때
는 눈에 보이는 것으로 소 아닌 것이 없었으니, 아무리 조심해
서 칼질을 한들 이리 부딪히고 저리 부딪쳐서 칼날이 성할 때가
없었다. 그런데 인식 작용을 멈추고 보니 훤하게 공간이 드러나
고, 그 틈새를 아무리 휘젓고 다녀도 칼날이 상하는 법이 없다.

이상이 포정의 우화의 대략적 요지다. 물론 이쯤에서 우리는
우화에 등장하는 포정이 성인에 대한 비유임을 어렵잖게 짐작
할 수 있다. 그렇다면 '소'가 상징하는 것은 무엇인가? 아마도
장자는 소를 통해 우리가 몸담고 있는 '세계'를 표상하고자 한
듯하다. 그런데 노장 사상에서는 '나'가 없는 것이 성인이다. 즉
무아의 경지에서 세계를 바라보니 일체가 공空했다. 이를 역으
로 말하자면 '나'라는 생각이 일어나는 순간 '나'에 대립하는 세
계가 동시적으로 출현한다는 의미다.(주관과 객관은 상호 의존
적이며, 객관 없이 주관이 홀로 있거나 주관 없이 객관이 홀로
존재하지 못한다.) 설상가상으로 '아상'이 강화될수록, 세계 또
한 더욱 견고한 실체로 무장하여 나와 대립한다. 이로 인해 나
의 일거수일투족은 세계라는 가상의 장애물과 투쟁하며, 나는
종일토록 수고롭게 일하나 세계에는 내 심신을 내려놓을 한 뼘
의 공간도 없다. 그런데 아이러니하게도 '나'가 사라지자 도처
에 텅 빈 공터가 드러났다. 결국 포정의 우화가 전하는 메시지
는 세계의 문제가 '나'의 문제와 겹쳐 있다는 것이다.

사람은 누구나 심신이 고달파지면 한적한 숲이나 산을 찾아
나선다. 그런데 장자가 보기에 이것은 진정한 양생의 해법이 되
지 못한다. 그보다는 내 마음속에 공터를 만들어야 한다. 그러

월전 장우성, 〈낙엽落葉〉, 1992. 낙엽 쌓인 대지의 정경을 보고 있노라면 저절로 마음이 고요해
진다.

면 설령 시끌벅적한 저잣거리 사람들 틈에서 내 육신이 종일 뒹
굴지라도 세상에는 늘 내가 쉴 만한 푸른 초원이 있다. 포정의
우화는 내 삶의 공터를 가진 성인이 영원토록 양생의 도리를 거
스르지 않고 심신을 잘 보존한다는 이야기다.

18. 숫자의 상징

良庖歲更刀 割也 族庖月更刀 折也 今臣之刀十九年矣 所解數千牛矣
양 포 세 경 도 할 야 족 포 월 경 도 절 야 금 신 지 도 십 구 년 의 소 해 수 천 우 의
而刀刃若新發於硎
이 도 인 약 신 발 어 형

유능한 백정은 일 년에 한 번 칼을 바꾸는데 살을 자르기 때문이고, 보통의 백정은 한 달에 한 번 칼을 바꾸는데 뼈를 치기 때문입니다. 지금 제가 쓰는 칼은 19년이 되었고 〔그동안〕 잡은 소가 수천 마리지만, 칼날이 마치 숫돌에서 방금 갈아낸 듯합니다.

A good cook changes his knife once a year—because he cuts. A mediocre cook changes his knife once a month—because he hacks. I've had this knife of mine for nineteen years and I've cut up thousands of oxen with it, and yet the blade is as good as though it had just come from the grindstone.

여기서는 포정의 고사를 통해 중국 철학의 중요한 영역을 살펴 보기로 한다. 다름 아닌 수리數理 철학이다. 포정은 자신의 칼 이 사용한 지 19년 되었고 그동안 잡은 소가 수천 마리지만 칼 날이 조금도 상하지 않았다고 말한다. 그런데 이 '19'라는 숫자 는 단순한 수학적 개념이 아니며, 여기에는 일련의 철학적 함의 가 내포돼 있다. 물론 이 같은 숫자의 상징성을 파악하기 위해 서는 우선 중국 수리 철학의 기본 전제를 이해하지 않으면 안 된다. 여기서는 하도河圖와 낙서洛書[35]의 배열 원리를 토대로 이

야기를 풀어가겠다.

하도는 흑점과 백점의 조합으로 구성되어 있으며, 흑점은 짝수로서 음을, 백점은 홀수로서 양을 각기 상징한다. 하도에서 사용되는 수는 1에서 10까지 자연수의 집합이다.[36] 이들 수의 배열 방식은 1-2-3-4가 그림의 안쪽에 있고, 6-7-8-9가 그 바깥을 에워싸고 있으며, 5와 10은 중앙에 위치한다. 이들 중 1에서 5까지는 생生하는 수로서 생수生數라 지칭하며, 6에서 10까지는 완성하는 수이므로 성수成數라 부른다. 선천先天에 해당하는 생수는 만물을 낳는 근본으로 체體가 되고, 후천後天에 해당하는 성수는 용用이 된다. 음양론의 관점에서 양을 하늘에 배속시키면 천수天數의 합이 25이고 음인 지수地數는 30이 되는데, 이들 천지수의 총 합(55)을 '대연수大衍數'[37]라 한다.

음양론에서 우주론적 함의는 하도에서 점의 배열 방식을 통해 좀더 구체적으로 드러난다. 먼저 1에서 5까지의 생수를 중심으로 그림의 안쪽에 위치한 흑점과 백점의 의미를 살펴보자. 사상四象적 관점에서 보자면 생수는 사상위四象位를, 성수는 사상수四象數를 나타낸다. 즉 1, 2, 3, 4는 각기 태양위(1), 소음위(2), 소양위(3), 태음위(4)로 나뉘며, 6, 7, 8, 9는 태음수(6), 소양수(7), 소음수(8), 태양수(9)로 분류된다. 중앙의 5와 10은 각기 사상을 낳는 바탕인 양태극과 음태극에 해당한다.[38]

한편 하도의 내적 운동성은 생수와 성수의 배열 방식을 토대로 규명할 수 있다. 즉 생수에서 양에 해당하는 1(씨앗)이 태음수인 6에 둘러싸여 있다가 성장을 경과한 후(3), 성인成人이 되어 바깥으로 모습을 드러낸다.(양의 수인 7과 9) 양이 성하면서

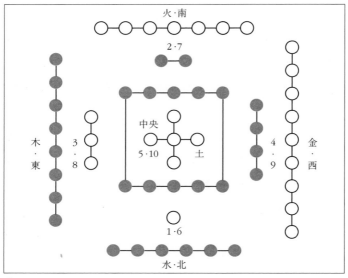

하도河圖

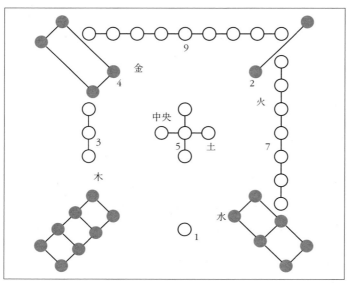

낙서洛書

바깥에 위치했던 음은 양 속으로 자취를 감추지만(음의 수인 2 와 4), 노쇠한 양(9)은 다시 모태(태음수)로 들어간다.(1·6) 이로부터 우리는 하나의 자연스런 '충동'에 주목해야 한다. 즉 장성한 양은 끊임없이 음으로 들어가고, 장성한 음은 끊임없이 양으로 들어가고자 하는 것이다. 이러한 음양의 상호 흡인력으로 인해 우주와 자연의 '끊임없는生生之' 순환이 이루어진다. 이는 마치 끝과 시작이 없는 무시무종無始無終의 논리와도 같고, 안과 밖이 연결된 뫼비우스의 띠와도 흡사하다.

하도에서 음과 양의 결합은 결국 '분리 속에서의 하나二而一'를 형이상학적으로 드러내기 위한 '수의 상징象數'임을 전제해야만 한다. 즉 음은 양의 타자(성)를 통해 하나로 완성되며, 양은 음의 타자(성)를 통해 완성된다. 좀더 구체적으로 보자면, 노양수(9)는 노음위(4)의 밖에 있고 노음수(6)는 노양위(1)의 밖에 있으며, 소양수(7)와 소음위(2), 소음수(8)와 소양위(3)의 관계도 동일하다. 이를 정이천程伊川은 "음양노소호장기택지변陰陽老少互藏其宅之變"이라고 일컫는다. 이 말은 '음양노소 서로가 그 집을 감춘다'는 뜻인데, 집은 자신이 나온 곳을 말하며, 감춘다고 함은 자신이 상대방 속에 들어 있다는 뜻이다.[39]

하도에 대한 이상의 논의를 토대로 낙서의 구성 원리를 간략히 살펴보자. 낙서는 우선 여러 가지 측면에서 하도와는 상보적인 우주론적 함의를 내포하고 있는데, 일단 하도 속에 모습을 드러냈던 완전수 10은 낙서로 오면 더이상 존재하지 않는다. 그러나 하도와 낙서를 체와 용의 관계로 설정할 경우, 후자에서 사라진 10은 실재하는 작용 속에서 외부로 발현되어 운용되는 것으로 보아야 한다.(낙서에서 서로 마주하는 수의 합이 일정하게 10을 이루고 있음을 주목할 필요가 있다.) 이론상 용이 부재하는 체가 공허하며 체가 없는 용이 한갓된 물상으로 전락하고 마는 것이라면, 낙서의 이면에 하도가 감춰져 있음을 가정하는 것이 적절할 것이다.[40]

중국 수리 철학과 관련된 이상의 논의를 토대로 「양생주」에 등장하는 숫자의 의미를 해석해보자면, 19는 완전수(10)와 노양수(9)의 결합, 즉 '무한수'를 지칭하는 개념으로 이해하는 것이 적절하다.[41] 사족이지만 고대 동·서양의 우주론을 고찰할 때 숫자에 내재된 상징성을 파악하는 것은 매우 중요하다. 예를 들어 신약성서의 「요한계시록」에는 다양한 숫자들이 비의적으로 사용되고 있는데, 이들 숫자의 상징성을 이해하지 않은 채 「요한계시록」의 내용을 파악하기는 불가능하다.

19. 인간의 운명에 대한 단상

公文軒見右師而驚曰 是何人也 惡乎介也 天與其人與 曰天也 非人也
공문헌견우사이경왈 시하인야 오호개야 천여기인여 왈천야 비인야
天之生是使獨也 人之貌有與也 以是知其天也 非人也 澤雉十步一啄 百步一食
천지생시사독야 인지모유여야 이시지기천야 비인야 택치십보이탁 백보이식
不蘄畜乎樊中 神雖王 不善也
불기휵어번중 신수왕 불선야

공문헌이 우사를 보고 놀라서 말했다. "이 사람이 누구인가? 어찌하여 발이 하나뿐인
가? 하늘이 그렇게 만든 것인가, 사람이 그렇게 만든 것인가?" 우사가 말했다. "하늘이
이렇게 한 것이며, 사람이 이렇게 한 것이 아니다. 하늘이 나를 낳으심에 외발로 만든
것이다. 사람의 외형은 하늘이 부여한 것이다. 그렇기 때문에 내가 외발인 것은 하늘이
그렇게 한 것이지 사람이 한 것이 아님을 알 수 있다. 못가의 꿩은 열 걸음 걷고서 한입
쪼아먹으며 백 걸음 걷고서 물 한 모금을 마시지만, 새장 속에서 길러지기를 바라지 않
는다. 정신은 왕 노릇 하겠지만 [새의 본성이] 그것을 좋아하지 않기 때문이다."

When Kung-wen Hsuan saw the Commander of the Right, he was startled and said, "What kind of
man is this? How did he come to lose his foot? Was it Heaven? Or was it man?" "It was Heaven, not
man," said the commander. "When Heaven gave me life, it saw to it that I would be one-footed.
Men's looks are given to them. So I know this was the work of Heaven and not of man. The swamp
pheasant has to walk ten paces for one peck and a hundred paces for one drink, but it doesn't want
to be kept in a cage. Though you treat it like a king, its spirit won't be content."

장자의 이야기에는 언제나 반전이 있다. 그 반전은 어김없이 우
리의 일반적 통념을 뒤집는다. 이로 인해 독자는 스스로의 선입

견을 되돌아보고 급기야 삶을 바라보는 자신의 지평을 확장하게 된다. 본문에 등장하는 공문헌과 우사는 각각 특정한 계층(혹은 세계관)을 상징하고 있다. 공문헌은 세속의 눈으로 보자면 흠잡을 데 없는 인물로 사회적 지위와 부, 그리고 학식을 두루 겸비했다. 그런 그가 우사를 보고서 놀란 표정으로 말한다.

"어찌하여 발이 하나뿐인가?"

여기서 외발은 단순히 신체적 장애를 의미하지 않는다. 본문의 함의는 우사라는 자가 한때 형벌을 받아 한쪽 다리를 잘렸다는 것이다. 그렇기 때문에 우사는 '장애인'이라는 신체적 결함과 더불어 전과자의 낙인까지 찍힌, 세속적 기준으로 논하면 인생의 패배자이다. 그런데 공문헌의 연이은 질문이 더욱 걸작이다.

"(당신이 외발이 된 것은) 하늘이 그렇게 만든 것인가, 사람이 그렇게 만든 것인가?"[42]

이 장면의 전후 문맥을 고려하면 우사는 형벌로 인해 한쪽 발이 잘렸으니 당연히 선천적 장애가 아니다. 그러므로 당연히 '사람이 만든 장애'라고 답해야 할 것이다. 그런데 우사는 자신이 외발이 된 것은 하늘이 그렇게 만든 것이라고 했다. 결국 이 부분은 장자 사상에서 인간의 운명을 논하는 대목과 연결지어 생각하지 않으면 안 될 것이다.

우사는 자신이 외발이 된 것을 하늘의 명으로 규정한다. 우사는 품성이 단정치 못하여 죄를 범하고 이로 인해 한쪽 다리를 잘리는 '월형刖刑'을 받게 되었다. 그런데 그 '단정치 못한' 품성은 자기 스스로 선택한 것이 아니며 타고난 것이다. 물론 이는 어찌 보면 자신의 잘못을 '하늘'의 탓으로 돌리는 지극히 무책

임한 행위이다. 그런데 곰곰이 생각해보면 이 같은 논리가 전혀 터무니없는 것이 아니다. 인간이라면 누구나 빈천보다는 부귀영화를 탐할 것인데, 혹자가 종신토록 열심히 일해도 일생의 가난을 면치 못한다면 결국 그의 '가난'은 하늘이 명한 것이 아니겠는가? 그런데 앞서 말한 반전이 일어나는 것이 바로 이 지점이다. 우사는 자신의 타고난 명을 받아들이고 거기에 순응하며 살아간다. 설령 자신의 외모와 전과로 인해 주변으로부터 따가운 눈총을 면치 못할지언정, 잘못을 뉘우치고 꿋꿋이 살아가는 지금의 삶이 자신의 본성에 위배되지는 않는다. 그런데 정작 우사를 조롱하는 공문헌은 하늘로부터 또다른 형벌을 받았다. 공문헌은 명예를 추구하는 성품을 부여받은 것이다. 그로 인해 그는 일생을 열심히 선을 행하며 그 대가로서 모든 사람이 흠모하는 부와 명예를 모두 움켜쥐었다. 그러나 그는 정작 명예에 대한 '집착심'이 자신을 구속하는 형벌임을 자각하지 못한다.[43]

결과적으로 보자면 우사는 신체의 형벌로 인해 자신의 열악한 품성을 자각하고, 그로부터 그 품성에서 자유로울 수 있었다. 그러나 공문헌은 평생을 '보이지 않는 감옥'에 갇혀 지내면서 스스로를 성찰할 수 있는 계기를 마련하지 못했다. 우사가 보기에 이러한 공문헌이야말로 지극히 가련한 인물이다. 공문헌은 위선爲善(선을 행함)했으되 결과적으로는 위선僞善(선을 가장함)이 되어버렸다. 물론 여기서 장자가 이야기하려는 것은 역설적 진리이며, 이를 '악을 행하는 것이 선을 행하는 것보다 훌륭하다'는 식으로 해석할 필요는 없다. 모든 종교적 우화에서 일단 뜻을 취했으면 외형적인 말은 버리는 것이 현명하다. 참고로「누가복음」에 등장하는 다음 구절을 음미해보자.

두 사람이 기도하러 성전에 올라갔다. 하나는 바리새파 사람이고, 다른 하나는 세리다. 바리새파 사람은 서서, 혼잣말로 이렇게 기도하였다. '하나님, 감사합니다. 나는, 토색하는 자나 불의한 자나 간음하는 자 같은 다른 사람들과 같지 않으며, 또는 이 세리와도 같지 않습니다. 나는 이레에 두 번씩 금식하고, 내 모든 소득의 십일조를 바칩니다.' 그런데 세리는 멀찍이 서서, 하늘을 우러러볼 엄두도 못 내고, 가슴을 치며 '아, 하나님, 이 죄인에게 자비를 베풀어주십시오' 하고 말하였다. 내가 너희에게 말한다. 의롭다는 인정을 받고서, 자기 집으로 내려간 사람은 저 바리새파 사람이 아니라, 이 세리다. 누구든지 자기를 높이는 사람은 낮아지고, 자기를 낮추는 사람은 높아질 것이다.(「누가복음」 18:10-14)

제4편

세상을 살아가는 도리를 논하다

유가 사상과 비교했을 때 노장 철학은 세간(현상세계)보다는 출세간(초월세계)적 내용이 주를 이룬다. 물론 노장이 출세간의 내용을 주로 다룬다고 하더라도, 세간을 떠난 상태에서의 출세간을 이야기하는 것은 아니다. 그렇게 보자면 세간과 출세간의 구분은 내용적 차원이라기보다 인식론적 관점에서 이해되어야 할 것이다. 『장자』 전편에서 「인간세人間世」는 난세를 살아가기 위한 지혜를 가장 구체적이며 정교하게 논한 장이다.(물론 여기서는 노장 철학의 관점에서 '처세의 도'를 논한다.) 사실 동서고금의 모든 철학과 종교는 지금, 여기 살고 있는 '나'를 전제하고 논의를 전개해나간다. 달리 말해 '내가 존재하지 않았다면'이라는 가정은 현실의 당면 문제를 헤쳐나감에 있어 아무런 의미가 없다. 이미 세상에 발을 디딘 이상 인간은 어떻게든 살아갈 수

밖에 없는 것이다.

장자가 보기에 인류가 지상에 존재한 이래 모든 시대는 '난세', 험한 세상이다. 그렇다면 관건은 난세의 원인을 정확히 규명하는 것이다. 특이한 것은 장자의 경우 난세의 근본 원인을 제도나 물질의 차원에서 찾으려 하지 않는다는 점이다. 다시 말해 가난, 질병, 전쟁, 자연재해 등의 요인은 난세의 근본 요인이 될 수 없다. 아마도 이로 인해 장자는 그와 입장을 달리하는 사상가들에게 비판의 표적이 되어왔던 듯하다. 그러나 여기서는 '난세'의 원인을 규명하는 서로 다른 사상 유파들에 대한 섣부른 시비판단을 내리기보다 장자가 말하는 '난세'의 함의를 좀더 깊이 있게 고찰해보는 것이 필요할 듯하다. 장자는 기본적으로 선과 악이 서로 대립하면서 투쟁하는 것을 난세의 개념으로 파악했다. 그런데 과연 무엇이 궁극적인 선이고 무엇이 절대적인 악인가?「인간세」편은 이른바 '정의로운 자'가 어떠한 수단과 방법을 동원하여 악을 타파할 것인가를 논하기보다, 선과 악의 구도 아래 대립이 발생하는 근원을 추적하고 이를 생동감 있게 복원해내고자 한다. 그로 인해 「인간세」라는 제목에도 불구하고 여기에 등장하는 에피소드의 상당 부분은 인간의 심층 심리에 대한 정교한 분석으로 이루어져 있다.

20. 인간의 심층심리에 대한 통찰

且德厚信矼 未達人氣 名聞不爭 未達人心 而强以仁義繩墨之言 術暴人之前者
차 덕 후 신 강 미 달 인 기 명 문 부 쟁 미 달 인 심 이 강 이 인 의 승 묵 지 언 술 포 인 지 전 자

是以人惡有其美也 命之曰菑人 菑人者 人必反菑之 若殆爲人菑夫
시 이 인 악 유 기 미 야 명 지 왈 재 인 재 인 자 인 필 반 재 지 약 태 위 인 재 부

또 네가 덕이 두텁고 신념이 강하지만 아직 다른 사람의 기분을 파악하지 못했으며,
이름이 널리 알려져 있고 [남과] 다투지는 않지만, 아직 다른 사람의 심리에 통달하지
못했는데, 억지로 인의와 법도로써 포악한 사람 앞에서 설교한다면, 이것은 남의 악함
을 드러내어 자신의 아름다움을 뽐내는 것이니, 이런 사람을 일컬어 재앙을 불러오는
사람이라고 한다. 남에게 재앙을 끼치는 사람은 다른 사람 또한 반드시 그에게 재앙을
끼칠 것이니, 너는 아마도 남에게 재앙을 당할 것이다.

Though your virtue may be great and your good faith unassailable, if you do not understand men's
spirits, though your fame may be wide and you do not strive with others, if you do not understand
men's minds, but instead appear before a tyrant and force him to listen to sermons on benevolence
and righteousness, measures and standards—this is simply using other men's bad points to parade
your own excellence. You will be called a plaguer of others. He who plagues others will be plagued
in turn. You will probably be plagued by this man.

「인간세」는 우리가 난세에 처해서도 큰 과오 없이 일생을 마칠
수 있는 주옥같은 지혜를 제시한다. 「인간세」 편의 첫 이야기는
공자와 그의 제자 안회의 대화로 시작된다. 물론 본문에 등장하
는 공자와 안회는 장자가 임의로 각색한 인물이며, 극중 상황이

나 대화는 어떤 사료적 근거를 가지고 있지 않다. 단지 공자라는 인물이 정치적으로 혼란한 시대에 태어나 누구보다 치열하게 인간과 사회에 대한 고민을 경주한 성인이었고, 이 같은 공자의 삶이 「인간세」의 주제와 확연히 부합되고 있음은 자명하다. 본문에서 안회는 도를 펼치고자 위나라로 떠나기에 앞서 스승 공자에게 가르침을 청한다. 당시 위나라 임금은 혈기왕성하며 성품이 잔인하여 폭정을 일삼고 있었다. 공자가 묻는다.

"(위나라에 가서) 무엇을 하려는가?"

안회가 답한다.

"선생님께 배운 도를 위나라에서 펼치고자 합니다."

제자의 말을 들은 공자는 안회를 만류하며 그 이유를 밝힌다.(대략 여기까지가 본문에 등장하는 대화의 사전 배경이다.)

공자가 보기에 안회는 후덕하고 성실한 인물이지만 아직 사람의 심리를 꿰뚫고 있지 못하다. 즉 인간의 심리를 이해하지 못한 채 무작정 자기의 주장을 상대에게 강요하게 되면, 그 의도가 아무리 선하다 해도 결과는 백전백패이다. 가령 안회가 인의와 법도로써 폭군인 위왕에게 간언했다고 가정해보자. 그 결과가 어떠하겠는가. 본문의 함의를 살펴보자면 악인 앞에서 인의를 설파하는 사람은, 자신이 설령 의식하지 못한다 할지라도 그 내면에는 '내가 당신보다 선한 사람이다'라는 우월의식이 잠재해 있다. 달리 말하면 폭군 앞에서 죽음을 무릅쓰고 직언과 고언을 늘어놓는 부류의 사람은 공자(사실상 장자)가 보건대 대체로 명예에 대한 집착에서 자유롭지 못하다.

이 같은 현인의 명예욕은 이중적 '재앙'을 불러오는데, 폭군의 입장에서는 (어진) 신하의 간언으로 인해 자신의 악함이 만천하에 드러났으니 씻을 수 없는 재앙이요, 신하의 입장에서는 간언으로 인해 죽임을 당하게 되니 이 또한 막대한 재앙이다. 요약하자면 세상에서 인의를 주장하는 현인의 특징은 다른 사람의 악을 드러내어 자신의 선함을 과시하려는 무리다. 물론 강직한 현인은 인의에 기대어 자신의 아름다움을 만천하에 뽐내고 있으니, 어진 사람에게 고언을 들은 폭군이 당장 그의 면전에서 그 말에 논박할 근거를 찾지 못할 것이다. 그러나 일단 독화살을 맞은 왕은 결단코 상대에게 보복할 구실을 찾으려 할 것이며, 이로 인해 결국 선인이 재앙을 당하게 된다.

　여기까지는 많은 사람이 대체로 공감할 수 있을 듯하다. 그럼에도 불구하고 혹자는 반론을 제기할 수도 있다. 즉 관념적인 논의를 일단 차치하고 우선은 한 나라에 직언을 마다하지 않을 올곧은 현인이 당연히 있어야 하지 않겠는가? 물론 이 부분을 장자가 부인하는 것은 아니다. 단지 관건은 방법상의 문제이다. 장자는 당시 전국시대의 지사들에게 처세의 비책을 다음과 같이 제시했다.

　　겉으로는 폭왕을 따르는 것보다 좋은 것이 없고, 마음은 그와 화합하는 것보다 좋은 것이 없다. 그러나 이러한 방법도 위험을 내포하고 있으니, 그를 따르더라도 그의 행동에 함께 빠져들지는 말아야 하며, 그와 화합하더라도 그 속마음이 드러나지 않게 해야 할 것이다.(「인간세」)

21. 마음을 비우면 지혜의 빛이 드리운다

絶迹易 無行地難…… 聞以有翼飛者矣 未聞以無翼飛者也 聞以有知知者矣
절적이 무행지난   문이유익비자의 미문이무익비자야 문이유지지자의

未聞以無知知者也 瞻彼関者 虛室生白 吉祥止止
미문이무지지자야 첨피결자 허실생백 길상지지

〔세상에서〕 자취를 끊는 것은 쉽지만, 〔세속에 있으면서〕 땅을 밟지 않기는 어렵
다……. 날개를 가지고 난다는 말은 들었지만 날개 없이 〔무위로〕 난다는 말은 듣지
못했고, 분별지를 가지고 안다는 이야기는 들었지만, 무분별지로 안다는 이야기는 듣
지 못했다. 저 문 닫힌 집을 보라. 비어 있는 방에서 밝은 빛이 생겨나니, 길상함은 고
요한 곳에 머무르는 것이다.

It is easy to keep from walking; the hard thing is to walk without touching the ground. It is easy to
cheat when you work for men, but hard to cheat when you work for Heaven. You have heard of
flying with wings, but you have never heard of flying without wings. You have heard of the
knowledge that knows, but you have never heard of the knowledge that does not know. Look into
that closed room, the empty chamber where brightness is born! Fortune and blessing gather where
there is stillness.

사람들은 흔히 유교와 노장을 상호 대립적인 사상으로 간주한
다. 물론 그러한 생각이 틀린 것은 아니겠지만, 실제로 양자 간
에는 유사한 측면도 상당 부분 존재한다. 『논어』에는 다음과 같
은 이야기가 등장한다.

선생님께서 심하게 아프셨다. 자로가 기도하기를 청했다. 선생님께서 "그러한 사례가 있느냐?"라고 말했다. 자로가 대답했다. "있습니다. 기도문에 '너를 위해 하느님과 귀신에 빈다'라고 했습니다." 선생님께서 말했다. "[그런 의미라면] 나의 기도는 오래되었다."(「술이」)

　　그런데 위 인용문에서 공자가 제자들의 요청을 거부하면서 '기도는 오래되었다'라고 한 말의 의미는 무엇일까? 공자의 입장에서 '기도'란 천지신명과 하나가 될 수 있도록 마음을 경건히 하는 것이기에, 기도의 의미가 단지 제단에 음식을 차리고 강신주降神酒를 올리는 등의 외형적 형식에 있지 않다는 것이다. 그렇게 보자면 공자에게는 일상의 삶 자체가 '기도'인 셈인데, 하필 수고롭게 기도라는 의식을 거행할 필요가 있겠는가? 사실 유교의 요지가 '사람으로 태어난 이상 인간 사회를 떠나 홀로 살 수 없다'는 것이니, 그렇게 보자면 우리가 몸담고 있는 세계보다 더 훌륭한 수행도장은 없을 것이다.

　　앞에서 인용한 장자의 문장도 이 같은 생각을 반영한다. 즉 고요한 산중에 홀로 살면서 일신상의 감각적 욕구를 억제하기는 쉽지만, 세간을 벗어나지 않은 상태에서 온갖 선정적인 외물에 영향받지 않기는 어렵다는 것이다. 달리 말해 '몸'은 그때그때의 상황에 맞추어 끊임없이 움직인다 할지라도 '마음'은 늘 고요함을 유지하는 것이 진실로 고요한 것이다.(만일 움직임과 분리된 상태로서 '고요함'을 말한다면 세상에 바위보다 고요한 것은 없을 것인데, 인생의 궁극 목표가 바위가 되는 것이어서는 곤란하지 않겠는가?) 그렇게 보자면 몸은 상황에 맞추어 늘 행함이 있으니 매사에 하지 않음이 없고, 마음은 인위적으로 일을 주관하려 하지 않으니 끊임없이 움직이되 일말의 움직임도 없는 것이다. 이를 노장에서는 '함이 없으나 하지 않음이 없는無爲而無不爲' 경지라 칭한다. 이 같은 논리에 근거하여 장자는 지혜의 본질을 예시한다. "저 문 닫힌 집을 보라. 비어 있는 방에서 밝은 빛이 생겨나니, 길상함은 고요한 곳에 머무르는 것이다."

동서고금을 막론하고 '빛'은 지혜의 상징이다. 그런데 지혜의 빛이 드리우기 위해서는 앎과 편견이 우선적으로 사라져야 한다. 그것이 바로 '비어 있는 방虛室'의 상징이며, 무지無知의 본래적 의미이기도 하다. 결국 장자에게 있어 지혜는 채우는 것이 아니라 비우는 것이며,[44] 아상이 사라지면 지혜는 저절로 드러난다. 그러나 아상이 없어진 자리에 별도의 지혜를 채워넣고자 한다면, 그 지혜는 또다른 아상이 될 것이다. 한편 지혜의 빛이 드리운 자리에는 반드시 길상함이 함께한다. 그러나 장자가 여기서 언급하는 '길상'이 반드시 우리가 생각하는 부귀영화로서의 복덕은 아닐 것이다. 일신상의 부귀영화를 인간의 궁극 가치로 규정하는 사상이 어찌 2500년 동안 동양의 정신세계를 지배할 수 있었겠는가?

22. 사랑이 만능은 아니다

夫愛馬者 以筐盛矢 以蜃盛溺 適有蚊虻僕緣 而拊之不時 則缺銜毀首碎胸
부 애 마 자 이 광 성 시 이 신 성 뇨 적 유 문 맹 복 연 이 부 지 불 시 즉 결 함 훼 수 쇄 흉
意有所至而愛有所亡 可不愼邪
의 유 소 지 이 애 유 소 망 가 불 신 야

말을 아끼는 사람이 〔말을 사랑하는 마음에서〕 큰 광주리에 말똥을 담고, 커다란 조개
껍질로 말 오줌을 받는다. 〔그러다〕마침 모기나 등에가 말 등에 붙어 있는 것을 보고
〔그것을 잡으려고〕갑작스레 등을 때리면, 말은 깜짝 놀라 재갈을 찢고 머리를 훼손하
고 가슴〔장식〕을 부숴버릴 것이다. 이처럼 사랑한다는 마음만 앞서면 '잃음'이 있으니,
어찌 조심하지 않을 수 있겠는가.

The horse lover will use a fine box to catch the dung and a giant calm shell to catch the stale. But if a
mosquito or a fly lights on the horse and he slaps it at the wrong time, then the horse will break the
bit, hurt its head, and bang its chest. The horse lover tries to think of everything, but his affection
leads him into error. Can you afford to be careless?

세간에는 여러 종교와 사상이 공존한다. 그런데 서로 다른 종교
와 사상을 피상적으로 상호 '비교'하면 자칫 '타자'에 대한 심각
한 왜곡을 초래할 수 있다. 이 장의 제목은 외형상 사랑에 대한
간접적 비판처럼 보인다. 그리하여 혹자는 사랑을 최고 덕목으
로 예찬하는 기독교와 장자 사상이 상호 배치된다고 지레 판단
할지도 모른다. 물론 이 같은 오해를 불식하기 위해서는 장자가

사랑을 비판하는 문맥을 곰곰이 따져보아야 하겠으나, 여기서는 먼저 기독교 사상에 등장하는 '사랑'의 함의를 간략히 살펴보고자 한다.(내가 이렇게 논의를 에둘러가는 이유는 모든 철학적 개념이 본질적으로 '문맥화'되어 있음을 밝히기 위해서이다.)

기독교적 사랑을 이야기할 때 반드시 거론되는 대목이 「고린도전서」에 등장하는 '사랑'에 대한 서사이다. 이 부분은 내용뿐 아니라 문학성 또한 뛰어나 오랫동안 인구에 회자되어왔다. 여기서 해당 내용을 간략히 살펴보자면 다음과 같다. 바울은 「고린도전서」 13장 말미에서 "그러므로 믿음, 소망, 사랑 이 세 가지는 항상 있을 것인데, 그 가운데서 으뜸은 사랑입니다" (13:13)라고 단언한다. 그런데 「고린도전서」 13장의 내용을 전체적으로 자세히 읽어보면 한 가지 의문이 떠오른다. 즉 이 글의 중간 부분에서 "사랑은 모든 것을 덮어주며, 모든 것을 믿으며, 모든 것을 바라며, 모든 것을 견딥니다" (13:7)라고 바울이 말하고 있다는 점이다. 그런데 사랑의 속성 중 하나가 모든 것을 믿고, 모든 것을 소망하는 것이라면, 엄밀한 의미에서 믿음·소망·사랑을 세 가지 상호 분리된 덕목으로 간주하는 것은 어폐가 있지 않은가.

이 문제와 관련해서는 부분과 전체의 개념을 적용하는 것이 필요할 것이다. 「고린도전서」를 보면 "우리는 부분적으로 알고, 부분적으로 예언합니다. 온전한 것이 올 때에는, 부분적인 것은 사라집니다" (13:9-10)라고 서술하고 있는데, 믿음·소망·사랑을 개별적으로 분리해서 바라보는 것이 '부분적 앎'이라면, 삼자를 통합적으로 사유하는 것은 '완전한 앎'에 해당할 것이다. 달리 말하면 삼자는 셋으로 하나인 삼위일체적 관점에서 이해되어야 한다. 요약하면 「고린도전서」에서 바울이 말하는 믿음·소망·사랑은 '하나'의 개념이지만[45] 그 '하나'가 상황에 의거해서 때로는 사랑으로, 때로는 믿음으로 모습을 드러낼 수 있는 것이다. 실제로 「고린도전서」가 당시 고린도 교회 내의 분쟁을 해소하기 위해 집필되었음을 감안할 때, 바울이 그 '하나'에서 사랑을 유독 강조했던 의도를 충분히 이해할 수 있다.

이 같은 논의를 참고삼아 본문에서 장자가 사랑을 논하는 대목을 살펴본다. 우화에서는 '말 사육자'가 자기가 기르는 말에 극도의 애정을 표한다는 내용이 다음 대목에서 적나라하게 드러난다. "말을 아끼는 사람"은 "큰 광주리에 말똥을 담"을 정도로 말을 극진히 보살폈다. 그런데 예기치 못한 상황이 다음 대목에서 발생한다. "마침 모기나 등에가 말 등에 붙어 있는 것을 보고 갑작스레 말 등을 때리면, 말은 깜짝 놀라 재갈을 찢고 머리를 훼손하고 가슴(장식)을 부숴버릴 것이다." 인용 구절에서 말 사육자가 말 등을 때린 것은 말을 돌보고 사랑하는 지극한 마음에서 비롯되었다. 그런데 정작 말은 그것이 자기를 해하는 행위라 간주하여 이리저리 날뛰며 통제불능 상태에 빠져버렸다. 그로 인해 장자는 '사랑'도 적절한 지혜가 수반되지 않으면 독이 될 수 있다고 역설한다. 그런데 만일 이 같은 장자의 우화를 뒤집어서 '어떤 사람이 지혜롭기 그지없으나 사랑의 실천이 결핍되어 있다'면 어떻게 해야 할까? 그 경우에는 「고린도전서」의 사랑이 우선적으로 부활하지 않으면 안 될 것이다. 결국은

우리가 사랑, 믿음, 소망을 상황에 따라 수시로 바꿔가며 강조
하더라도 결국 근본은 하나이다. 근본이 하나이기 때문에 하늘
아래 존재하는 모든 것이 '비교'를 넘어서 있다. 단지 우리의 부
분적 앎이 전체를 부분으로 사유하게끔 추동할 뿐이다.

23. 인간의 가치 기준이 얼마나 허망한가

支離疏者 頤隱於臍 肩高於頂 會撮指天 五管在上 兩髀爲脇…… 夫支離其形者
지리소자 이은어제 견고어정 괄찰지천 오관재상 양비위협   부지리기형자

猶足以養其身 終其天年 又況支離其德者乎
유족이양기신 종기천년 우황지리기덕자호

지리소는 턱이 배꼽 아래에 감춰져 있고, 어깨가 이마보다 높이 올라갔으며, 상투는 하늘을 가리키고, 오관이 위에 있으며, 두 넓적다리는 옆구리에 닿아 있다. ……몸이 불구인 사람도 충분히 일신을 잘 돌보고 천수를 마치는데, 하물며 마음을 텅 비운 사람이랴!

There's Crippled Shu—chin stuck down in his navel, shoulders up above his head, pigtail pointing at the sky, his five organs on the top, his two thighs pressing his ribs……With a crippled body, he's still able to look after himself and finish out the years Heaven gave him. How much better, then, if he had crippled virtue!

사람은 누구나 정도의 차이는 있겠지만 이른바 '고정관념'에서 자유롭지 못하다. 이 고정관념은 편의상 사적 고정관념과 공적 고정관념으로 나누어 생각해볼 수 있다. 예를 들어 '갑'이라는 사람이 '보라색'을 싫어한다면 이는 전자의 경우에 해당한다. 물론 그는 자신의 특별한 기호로 인해 생활에서 약간의 제약을 받을 수 있겠으나, 개인적 호불호를 타인에게 강요하지 않는 이상 큰 문제가 되지는 않는다. 그보다는 오히려 후자의 경우가

훨씬 심각한 병폐를 초래할 수 있다. 공적이라 함은 '나'와 '타인'이 공유하는 것이니 이는 쉽사리 권력화되거나 폭력성을 수반할 수 있다. 전형적 사례가 나치의 반反유대주의 정책이다. 단 이 같은 경우는 그 고정관념의 진위眞僞가 너무나 명확하여 일정 시간이 경과하면서 스스로 소멸된다. 이와는 달리 그 고정관념의 근거가 모호한 경우도 많다. 가령 사람들이 부와 명예를 선망하는 것도 엄밀한 의미에서는 분명 '고정관념'의 일종이다. 그러나 이것이 고정관념임을 간파하고 이로부터 자유로워지고자 하는 사람은 드물다. 본문에서 장자가 해체하려는 것은 후자의 경우이다.

지리소支離疏는 가공의 인물인데 장자의 절묘한 붓놀림에 의해 그는 가히 그로테스크한 모습으로 형상화되어 살아 움직인다. "턱이 배꼽 아래 감춰져 있고 어깨가 이마보다 높다" 하니 곱사등이의 등이 구부정한 모습을 떠올리면 될 것이고, "상투는 하늘을 가리키는" 것은 얼굴이 땅에 근접해 아래를 내려다보는 형상이며, 이로 인해 오관이 위로 들려지고 넓적다리는 옆구리에 닿게 되는 것이다. 지리소에 대한 외모상의 희화화는 여기까지다. 그다음부터는 지리소에 대한 예찬이 시작된다. 그는 비록 신체적으로 장애를 가지고 있으나 바느질과 세탁 및 적절한 노동으로 자신뿐 아니라 주위 사람까지 먹여 살린다. 더군다나 나라에서 전쟁이나 비상시에 군인을 징집할 때 그는 활개를 치며 사람들 사이를 휘젓고 다닌다. 신체가 온전치 않으니 징집 대상에서 제외되기 때문이다. 그뿐 아니라 나라에서 사회 불우 계층에게 나눠주는 곡물과 땔나무를 때가 되면 꼬박꼬박 받을 수 있으니 그야말로 일거양득이다. 이 우화에서 지리소는 처음 연민과 동정의 대상으로 묘사되었다. 그러나 뒤이어 장자는 지리소의 시점에서 온전한 무리들을 되비춘다. 그러자 한때 '행복했던' 정상인들은 지리소에 의해 연민의 대상으로 탈바꿈한다. 관점이 바뀌면서 반전이 일어난 것이다.

그런데 장자의 해체는 여기서 멈추지 않는다. 그는 지리소란 '이름'을 통해 또 한 번 해체를 시도한다. '지리소'는 문자적으로 풀이하면 '(몸의) 각 지체가 서로 분리되었다'는 의미다. 이를 의역하자면 '몸이 서로 분리되어 사라졌다'는 뜻인데, 장자는 이 육체적 형상화를 정신의 영역으로 전이시켰다. 그리하여 지리소의 고사는 '덕이 지리한 사람'으로 마감한다. 그런데 '덕이 지리하다'는 것이 도대체 무슨 말인가? 이는 아만과 아집이 사라진 정신적 경지에 대한 비유이다. 장자에게 있어 '지리소'는 오상아吾喪我의 개념과 상통한다. 즉 '분리'가 '빔'을 연상시키듯 '오상아'는 '나라는 생각'이 사라진 경지다. 아만과 아집이 소멸되기 위해서는 일차적으로 우리의 고정관념이 깨져야 한다.(그것이 '깨침'이다.) 그러나 '정상적인' 의식을 가진 인간 가운데 지리소가 절세미인 양귀비보다 아름답다고 말할 사람이 몇이나 있겠는가? 그로 인해 지리소만이 진정 지리소의 입장에서 세상을 바라볼 수 있게 되었다. 장자의 종교적 역설과 아이러니가 함께 드러나는 대목이다.

제5편
덕이 충만한 징표는 무엇인가

「덕충부德充符」는 글자 그대로 '덕이 충만한 표시'라는 뜻이다. 즉 인간이 내적으로 덕이 충만하면 외물外物과 접할 때 반드시 그 충만한 덕에 부합되는 징표가 드러난다. 달리 말하면 표리表裏가 부동한 것이 아니라, 표리가 상호 일치한다는 의미다. 그런데 장자가 말하는 덕의 충만함은 역설적이지만 '텅 비어 있음'이다. 즉 마음을 비울수록 덕은 충만해지는 것이다. 그렇게 보자면 장자의 '덕'은 '지知'의 영역과는 구분된다. 달리 말해 '앎이 없는 앎無知之知'과 '말 없는 가르침無言之敎'이 지혜와 교화의 최고봉이다.

이번 편에서 장자는 내적인 '덕의 충만함'을 강조하기 위해 의도적으로 추악한 외모와 기형적 신체를 가진 인물군을 설정한다. 예를 들어 「덕충부」에 처음 등장하는 왕태라는 인물은 성인의 덕을 갖춘 절름발이다. 신체적 장애에도 불구하고 그가 사는 노나라에는 왕태를 추종하는 무리가 끊이지 않는데, 사람들이 그를 만나면 반드시 큰 가르침을 얻어서 돌아온다. 그러나 정작 왕태는 그를 찾아온 사람들에게 어떠한 말도 하는 법이 없다. 장자는 이를 통해 진정한 가르침은 말을 넘어 있음을 밝히고자 했다. 「덕충부」에서 덕은 만물의 근원이 되는 그 어떤 것이지만 겉으로 드러난 정해진 모양이 없다. 그러나 인간과 인간은 결국 이 보이지 않는 '덕'으로 소통한다.(달리 말해 번듯한 외모가 사람을 감복시키는 것이 아니다.) 장자가 「덕충부」에서 기형적 인물을 통해 덕의 본질을 드러내려 한 의도가 여기에 있다.

24. 느림의 미학

人莫鑑於流水 而鑑於止水 唯止能止衆止
인 막 감 어 유 수 이 감 어 지 수 유 지 능 지 중 지

사람은 흐르는 물에 〔자신을〕 비춰보지 않고, 고요한 물에 〔자신을〕 비춰본다. 오직 고
요한 자만이 모든 고요함을 구하는 무리를 고요하게 할 수 있다.

Men do not mirror themselves in running water; they mirror themselves in still water. Only what is
still can still the stillness of other things.

현대는 속도의 시대이다. 자동차에서 각종 통신장비에 이르기
까지 제품 속도의 1분 1초를 단축하는 것에 거대 기업은 사활
을 걸고 있으며, 머지않은 미래에는 빛의 속도에 버금가는 우
주선이나 비행기를 개발할 수 있을지 모른다. 그런데 기술 발
달이 과연 인간의 삶을 좀더 여유롭게 만들었는가? 가령 과거
서울에서 부산을 오가는 데 우마牛馬나 도보를 이용하여 몇 주
이상 소요되던 시간이 이제는 KTX 고속열차로 한나절이면 거
뜬히 오가게 되었으니, 그만큼의 잉여시간으로 생활이 좀더 풍
요롭고 여유로워져야 하지 않겠는가. 그런데 정작 객관적인 현
실은 전혀 그렇지 못하다. 오히려 과학기술이 속도 경쟁을 부
추기는 것에 정비례하여 우리 생활은 점점 여유를 잃어가고 인

월전 장우성, 〈춘경春景〉, 1987. 시간은 절대객관의 형태로 존재하지 않고 우리 마음에 종속돼 있다. 그림 속의 텅 빈 대자연에 무념無念으로 우리를 내맡기고 있노라면, 시간 또한 나와 더불어 고요히 대자연에 머물러 있을 것이다.

간관계조차 더욱 척박해지고 있다. 타인과의 소통에서도 상대로부터 즉각적인 답변이 오지 않으면 사람들은 이내 조급해하며, 과거 우리 선조들처럼 느긋하게 상대의 의중을 살필 수 있는 넉넉한 기품이 사라졌다. 그러고 보면 외형적인 것이 아무리 변한다 할지라도 인간의 삶에는 변치 않는 어떤 진리가 존재하는 듯하다. 그 변치 않는 가치를 장자는 '멈춤'의 비유를 통해 제시하고 있다.

　'사람은 누구나 고요한 물에 자신을 비춰본다.' 즉 사람은 멈춰 있는 물을 통해 비로소 자신의 모습을 들여다볼 수 있다. 그런데 멈춰 있는 물이 사물을 있는 그대로 비출 수 있는 까닭은 무엇인가? '풍랑', 즉 망상심을 버렸기 때문이다. 달리 말해 '멈춰 있는 물/고요한 물止水'은 '텅 빈 마음'에 대한 비유이다. 장자는 '사람을 모으는' 비결이 허심虛心(텅 빈 마음)에 있다고 역설한다. 즉 사사로운 시비 판단이 끊어지고 밖으로 구함이 사라질 때 사람들은 그 '텅 빈' 마음으로 모여든다. 결국 진정한 여유로움의 비결은 외형적 속도에 있는 것이 아니라 허심에 있다. 그리고 허심만이 허심을 구하는 사물을 멈추게 할 수 있다. 장자의 이 논리를 뒤집으면 분주한 마음은 주변 사람들까지 덩달아 분주하게 만들 것이다. 만일 현대인이 느림의 미학을 인식하지 못한 채 속도의 논리에 맹목적으로 함몰되면, 현대사회가 추구하는 과학기술의 발전은 걷잡을 수 없는 급류가 되어 인간의 삶을 점점 황폐하게 만들지 모른다.

25. 인생이란

自狀其過 以不當亡者衆 不狀其過 以不當存者寡 知不可奈何 而安之若命
자 상 기 과 이 부 당 망 자 중 불 상 기 과 이 부 당 존 자 과 지 불 가 내 하 이 안 지 약 명
唯有德者能之 遊於羿之彀中 中央者 中地也 然而不中者 命也
유 유 덕 자 능 지 유 어 예 지 곡 중 중 앙 자 중 지 야 연 이 부 중 자 명 야

자신의 잘못을 변명하면서 [형벌로 인해] 발이 잘려 없어진 것이 부당하다고 항변하
는 사람은 많지만, 스스로의 과오를 변명하지 않고 자신의 다리가 온전한 것이 [오히
려] 부당하다고 생각하는 사람은 적다. 어찌할 수 없음을 알아서 마치 운명처럼 그것
을 편안히 여기는 것은, 오직 덕이 있는 자만이 할 수 있다. [우리 인생은] 예羿가 활 쏘
는 사정권에서 어슬렁거리며 노니는 것과 같은 것인데, 그 과녁의 한가운데는 화살이
적중하는 자리다. 그런데도 화살에 맞지 않는 것은 운명이다.

People who excuse their faults and claim they didn't deserve to be punished—there are lots of them.
But those who don't excuse their faults and who admit they didn't deserve to be spared—they are
few. To know what you can't do anything about, and to be content with it as you would with fate—
only a man of virtue can do that. If you play around in front of Archer Ye's target, you're right in the
way of the arrows, and if you don't get hit, it's a matter of fate.

신도가와 정자산은 함께 백혼무인을 스승으로 모셨다. 말하자면
두 사람은 같은 스승 아래 동문수학한 셈이다. 그런데 당시 고위
관직이었던 정자산은 절름발이에다 신분까지 비천했던 신도가
와 같은 동문이란 사실을 부끄러워하며 그를 못내 혐오했다.
　본문은 신도가가 정자산의 이 같은 오만을 견책하는 내용이

다. 이야기의 문맥을 미루어보면 신도가는 선천적으로 불구가 아니었으며, 아마도 잘못을 저질러 발이 잘리는 형벌에 처해진 듯하다. 그런데 신도가의 논리가 기묘하다. 즉 세상에는 자기가 운이 없어 법의 처벌을 받게 되었다고 변명하는 사람은 많지만, 다리가 온전한 사람으로서 자기가 운이 좋아 법의 처벌을 면하게 되었다고 생각하는 사람은 드물다는 것이다. 신도가의 말을 살펴보면 전자는 이미 법망에 걸려들어 처벌을 받고도 여전히 반성하지 않는 무리에 대한 비판이요, 후자는 요행으로 법망을 빠져나와 두 다리가 온전하나, 그것이 말 그대로 운이 좋아 그런 것임을 망각하는 무리에 대한 비난이다.

기독교적으로 말하자면 인간은 본질상 모두 죄인이다. 그런데 혹자는 그 죄로 인해 처벌을 받고, 혹자는 요행히 처벌을 받지 않았을 뿐이다. 양자의 차이는 그 이상도 이하도 아니다. 신도가의 말을 통해 우리는 인생을 바라보는 장자의 속내를 대충 가늠할 수 있다. 장자가 보기에 우리의 '삶'은 흡사 명사수 예가 활 쏘는 사정권 안에서 어슬렁거리는 것과 같다. 알다시피 예는 중국 신화에 등장하는 인물로 하늘에 있는 해를 화살로 쏘아 떨어뜨린 신궁이다. 그런 예가 활쏘기 연습을 하는 과녁 앞을 어슬렁거리며 걸어다니는 것이 우리네 인생이니, 사람이 평생을 살면서 화살에 맞지 않는 것이 오히려 이상한 것이다. 장자는 이를 '요행'이란 말로 암시했다. 그렇다면 인간이 취할 수 있는 최상의 방책은 무엇인가? 주어진 명命에 자신을 내맡기는 것이다. 언뜻 보면 지극히 소극적인 논리로 비칠 수 있는 장자 사상의 일면이지만 곰곰이 생각해보면 이는 오히려 관조적 입장에

가깝다. 가령 임종을 앞둔 인간이 죽음을 있는 그대로 받아들이는 것이 과연 소극적 삶인가? 혹은 태어나면서 눈먼 사람이 자신의 '운명'을 어떻게 감당하는 것이 진정 주체적 삶인가?

장자 사상에서 경이로운 것은 전생과 현생을 잇는 어떤 인과론적 논리가 부재한다는 점이다. 사실 인과론의 큰 난제는 주어진 현실에서 가난이나 질병으로 고통받는 사람을 어떻게 해석할 것인가의 문제이다. 만일 여기에 인과적 논리를 적용한다면 현실에서 고통받는 모든 중생은 전생에 악인이었다는 결과가 성립되지 않겠는가? 반면 장자의 경우는 이 문제를 인간의 앎의 영역으로 가져오지 않는다. 그보다는 이를 운명의 문제로 귀속시키고 여기에 순응함으로써, 역설적으로 궁극적인 삶의 자유를 구현하고자 했다. 참고로 앞서 언급한 '태어나면서 눈먼 사람'의 이야기는 신약성서에도 등장한다.

> 예수께서 가시다가, 나면서부터 눈먼 사람을 보셨다. 제자들이 예수께 "선생님, 이 사람이 눈먼 사람으로 태어난 것이, 누구의 죄 때문입니까? 이 사람의 죄입니까? 부모의 죄입니까?" 하고 물었다. 예수께서 대답하셨다. "이 사람이나 그의 부모가 죄를 지은 것이 아니다. 하나님께서 하시는 일을 그에게서 드러나게 하시려는 것이다."(「요한복음」 9:1-3)

사실 이 구절만큼 기독교의 본질이 잘 드러나는 부분은 없다. 인간은 운명을 거부하려 하면 할수록 더욱 주어진 운명의 노예가 된다. 그러나 주어진 운명을 있는 그대로 받아들일 때

어쩌면 인간은 자신의 인생을 비로소 온전히 떠안을 수 있을 것이다. 사도 바울은 하나님의 복음을 전파하기 위해 평생을 주의 종으로 사역했지만 정작 자기 몸의 질곡에서 벗어나지 못했다. 그러나 '약한 데에서 온전해지는'[46] 그리스도의 섭리를 깨닫는 순간 십자가의 도道가 바울을 통해 찬란히 모습을 드러낸 것이다.

26. 사람은 무엇에 감복하는가

衛有惡人焉 曰哀駘它 丈夫與之處者 思而不能去也 婦人見之 請於父母曰
위 유 악 인 언   왈 애 태 타   장 부 여 지 처 자   사 이 불 능 거 야   부 인 견 지   청 어 부 모 왈

與爲人妻 寧爲夫子妾者 十數而未止也 未嘗有聞其唱者也 常和人而矣
여 위 인 처   녕 위 부 자 첩 자   십 수 이 미 지 야   미 상 유 문 기 창 자 야   상 화 인 이 의

위나라에 용모가 추악한 사람이 있었는데, 애태타라고 했다. 남자들 중 그와 함께 지
내본 사람은 그를 흠모하여 떠나지 못했고, 여자들이 그를 보면 부모에게 '다른 사람
의 아내가 되느니 차라리 그의 첩이 되겠다'고 청하는 사람이 몇 십 명인데도 그런 사
람이 끊이질 않았다. 그런데 아직 그가 남보다 앞서 말하는 것을 본 적이 없고, 항상
다른 사람의 말에 응할 뿐이었다.

In Wei there was an ugly man named Ai T'ai-t'o. But when men were around him, they thought only
of him and couldn't break away, and when women saw him, they ran begging to their fathers and
mothers, saying, 'I'd rather be this gentleman's concubine than another man's wife!'—there were more
than ten such cases and it hasn't stopped yet. No one ever heard him take the lead—he always just
chimed in with other people.

사람은 누구나 자신에 대한 자긍심을 가지고 살지만, 한편으로
는 남에게 인정받고 존경받는 것도 삶에 큰 활력이 되는 요인이
다. 어찌 보면 사회에서 출세하고 부를 누리며 좋은 배우자를
얻으려 하는 것도 과시욕의 발로이며, 이를 통해 자기만족은 극
대화되는 것이다. 그런데 「덕충부」에서 장자가 사람을 감화시

키는 덕목으로 제시하는 것은 일반인들이 집착하는 가치와는 전혀 상반된 것들이다. 이 장에서는 애태타라는 가공의 인물을 통해 장자가 추구하는 '덕'의 본질을 살펴본다.

애태타는 용모가 추악하다. 그런데 남자든 여자든 일단 그와 함께 지내본 사람은 애태타의 곁을 떠나지 못하고, 심지어 여자들은 다른 사람의 아내가 되기보다 차라리 그의 첩이 되기를 자청한다. 상황이 그러하다면 사람들은 아마도 애태타의 학식이나 언변이 뛰어나 주변을 감복시킨다고 추측할 것이다. 그런데 애태타는 대화에서 남보다 앞서 말하는 법이 없으며, 항시 다른 사람들이 하는 말에 빙그레 웃으며 그저 맞장구칠 뿐이다. 그렇게 보면 그의 학식이 남보다 뛰어난 것도 아니다. 용모가 수려하지도 않고 학식이 뛰어난 것도 아니라면 마지막 남은 가능성은 재물로 사람을 모으는 것인데, 애태타의 경우 남을 건사하는 것은 고사하고 자기 입에 풀칠할 재산도 없다.

당시 위나라 애공은 이 같은 소문을 듣고 필경 애태타가 범상한 인물이 아닐 것이라 짐작했다. 그리하여 그를 불러 대면하니 과연 용모가 추한 것이 소문대로였다. 그런데 애태타와 함께 기거한 지 한 달이 채 되지 않아 그에게 온통 마음을 빼앗기고, 일 년이 되어서는 그에게 국정을 맡기고자 결심하게 되었다. 그러나 애태타는 애공의 요청을 들은 후 얼마 되지 않아 홀연히 종적을 감춰버린다. 그후 애공이 온 세상을 잃은 듯 상심하여 공자에게 자기 심경을 토로하자 공자는 비유를 들어 답했다.

제가 초나라에 사신으로 간 적이 있었습니다. 그때 마침 새끼돼지들이 죽은 어미의 젖을 빨고 있는 것을 보았습니다. 잠시 후 새끼들은 깜짝 놀라서 모두 그 어미돼지를 버리고 달아났습니다. 어미돼지가 자기들을 보고 있지 않았기 때문이며, 어미돼지가 예전 같지 않았기 때문입니다. 새끼들이 어미를 사랑한 것은 그 형체를 사랑한 것이 아니라, 그 형체를 부리는 것을 사랑한 것입니다.(「덕충부」)

본문에 등장하는 어미돼지와 새끼돼지의 고사는 인간과 인간이 무엇으로 소통하는가를 일깨우기 위한 비유이다. 새끼돼지는 처음 어미돼지의 젖을 빨기 위해 주변으로 모여들었으나, 어미돼지가 자기들을 보고 있지 않음을 알고 모두 달아나버렸다. 물론 갓 죽은 어미돼지의 몸이 부패하거나 훼손되었을 리 만무하니, 새끼들이 놀라 달아난 것은 어떤 연고인가. 아마도 장자는 어미와 새끼를 잇는 매개가 겉으로 드러난 '몸'에 있지 않고 '정신'에 있음을 역설하려 했던 듯하다.

앞에서 소개한 애태타의 경우 이른바 현실에서 '잘나가는' 사람들에 비해 세 가지가 결핍되어 있다. 첫째는 권력, 둘째는 재력, 셋째는 수려한 외모이다. 이 같은 '세 가지 결핍'에도 불구하고 애태타의 주위에는 그를 흠모하는 무리가 끊이지 않는다. 오히려 그 세 가지를 모두 갖춘 인물이 현실에서 사람들에게 질시받고 배척당하는 경우도 드물지 않다. 이는 흡사 본문에 등장하는 새끼돼지가 어미돼지를 버리고 달아나는 것과 같은 형국이다. 결국 장자는 사람과 사람이 진실로 소통할 수 있는 근거를, 내적으로 감춰진 '덕'에서 찾고자 했다. 공자 또한 『주역』의 풍택중부風澤中孚 괘를 풀이하면서 이 뜻을 거듭 밝혔다.

鳴鶴在陰
명 학 재 음

어미 학이 그늘에서 울거늘

其子和之
기 자 화 지

그 새끼 학이 화답하도다

我有好爵
아 유 호 작

내게 좋은 잔이 있어

吾與爾靡之
오 여 이 미 지

너와 더불어 한다

子曰
자 왈

〔이를 두고〕공자께서 말씀하시기를

君子居其室
군 자 거 기 실

군자가 자기 집에 거처해서

出其言善
출 기 언 선

말을 함에 선하면

則千里之外應之
즉 천 리 지 외 응 지

천 리 바깥에서도 응함이 있으니

況其邇者乎
황 기 이 자 호

하물며 가까운 데서랴

居其室
거 기 실

그 집에 거처해서

出其言不善
출 기 언 불 선

말을 함에 선하지 않으면

則千里之外違之
즉 천 리 지 외 위 지

천 리 바깥에서도 어긋남이 있나니

況其邇者乎
황 기 이 자 호

하물며 가까운 데서랴

인용문에서 어미 학이 그늘에서 우는데 그 새끼가 양지에서
화답한다고 함은 '무망无妄'(망령됨 없음)의 도리를 암시한 것
이다. 이를 장자식으로 말하자면 내적으로 감춰진 덕이 외적으
로 발현된다는 의미다.

제6편
누가 참된 스승인가

「대종사大宗師」는 '누가 우리의 스승인가'를 밝히는 장이다. '참된 스승'을 지칭하는 대종사는 성인이 될 수도 있지만 하늘과 자연의 원리, 즉 도가 될 수도 있다. 『장자』 내편의 구성상 「대종사」는 다음 편인 「응제왕」과 체/용의 관계를 형성한다. 즉 전자가 성인의 내적 인격을 논한다면, 후자는 무심으로 외물에 응한다고 할 수 있다. 비유컨대 「대종사」는 '맑은 거울'이요, 「응제왕」은 거울이 '사물을 비추는' 것에 해당한다. 또 전자는 내성內聖으로 근본이 되고, 후자는 외왕外王으로 작용이 된다.[47]

「대종사」는 기본적으로 만물을 관통하는 하나의 이치를 밝히고자 한다. 그런데 그 하나의 이치는 역설적이지만 천만 가지 사물의 서로 다른 모습과 분리되지 않은 상태에서의 하나이다. 불교적으로 말하자면 '하나의 근본 이치'가 총상總相이요, '사물

의 서로 다른 모습'은 별상別相에 해당한다. 그렇기 때문에 체
와 용이 둘이 될 수 없다. 심지어는 인간과 자연의 구분조차 근
원에서 사유해 들어가면 무의미한 것이다. 「대종사」는 변치 않
는 도의 근원을 밝히는 장인데, 결론은 '운명命'이라는 한 글자
로 끝맺는다. 결국 도라는 천지자연의 보편적 원리가 개별 인간
의 삶을 통해 구체적으로 드러나지 않는다면, 그 도가 '나'에게
무슨 의미가 있을 것인가? 어쩌면 이것이 장자가 운명에 대한
성찰로 「대종사」를 마감한 숨은 의도였는지 모르겠다.

27. 천인합일의 논리

知天之所爲 知人之所爲者 至矣 知天之所爲者 天而生也 知人之所爲者
지 천 지 소 위 지 인 지 소 위 자 지 의 지 천 지 소 위 자 천 이 생 야 지 인 지 소 위 자
以其知之所知 以養其知之所不知 終其天年而不中道夭者 是知之盛也
이 기 지 지 소 지 이 양 기 지 지 소 부 지 종 기 천 년 이 부 중 도 요 자 시 지 지 성 야

자연이 행하는 바를 알고 사람이 행하는 바를 아는 사람은 지극한 존재이다. 자연이
행하는 바를 아는 사람은 자연과 하나되어 살고, 사람이 해야 할 바를 아는 사람은 자
기의 지식으로 아는 바를 가지고서, 자기의 지식으로 알지 못하는 것을 길러서 천수를
다 마쳐 중도에 요절하지 않으니, 이를 일컬어 앎이 성대하다고 한다.

He who knows what it is that Heaven does, and knows what it is that man does, has reached the
peak. Knowing what it is that Heaven does, he lives with Heaven. Knowing what it is that man does,
he uses the knowledge of what he knows to help out the knowledge of what he doesn't know, and
lives out the years that Heaven gave him without being cut off midway—this is the perfection of
knowledge.

천인합일天人合— 사상은 동양적 사유의 두드러진 특징 중 하나
이다. 이 장에서는 장자가 천인합일의 사상적 근거를 밝히는 대
목을 집중적으로 조명해본다. 본문에서 장자는 먼저 자연天과
인간人을 대비적으로 서술하는데, 양자 중 '자연이 운행하는 이
치'를 아는 사람이 '사람이 해야 할 바'를 아는 사람에 비해 훨씬
초월적 경지에 다다른 무리처럼 보인다. 그런데 본문을 계속 읽

어가다 보면 자연과 인간의 구분이 점차 모호해지는 것을 발견하게 된다. 특히 후반부에 이르면 앞서의 이분법적 구분은 해체된다.("자연이 곧 인위이며 인위가 곧 자연이다.") 다시 말해 인간이 태어나는 것도 자연이요, 죽는 것도 자연이며, 그 과정에서 성장하고 나이 들어가는 것도 모두 자연이라는 것이다.(물론 여기서 말하는 '자연'은 법칙 혹은 원리를 지칭하는 것이지, 우리가 흔히 생각하는 산하대지 등의 실체적 대상을 지시하는 개념이 아니다.)

한편 본문에서는 하늘과 인간에 대한 설명과 더불어 '앎'의 문제를 거론하고 있다. 특히 앎이 '성대한' 사람을 설명하는 대목이 특이한데, 장자에 따르면 '자기가 아는 것을 가지고 그 알지 못하는 바를 기르는' 사람이 앎이 성대한 자이다. 사실 이 말의 함의는 매우 미묘한데, 가급적 쉽게 설명해보자. 가령 내가 '나'를 생각할 때 거기에는 나의 지식으로 알 수 있는 부분과 알 수 없는 영역이 공존한다. 전자에 해당하는 것으로 나의 출신성분, 이름, 기호, 취미, 나이 등이 있다. 그런데 정작 나의 생명 작용을 가능케 하는 근거에 관한 한, 나는 어떠한 '앎'도 갖고 있지 못하다. 이것이 '지식으로 알 수 없는' 영역이다. 바꾸어 말하면 우리가 하루하루를 살아가며 경험하는 대부분은 '지식으로 알 수 있는' 영역이다. 그런데 그 하루하루가 운행되는 대자연의 원리 혹은 근거에 관한 한 우리의 '지식'이 전혀 도달할수 없다. 그렇게 보자면 (자신의) '앎으로 알지 못함을 기른다' 함은 우리가 숨쉬고 밥 먹으며 살아가는 일상의 삶이 천지의 근본 도리 바깥에 별도로 있지 않음을 알아차리고, 나아가 인간과 자연 사이에 분별심을 두지 않는다는 것을 의미한다. 그러나 이 평범한 진리를 이해하는 자는 드물다. 그리하여 장자는 말미에서 진리 자체를 문제삼기보다 '사람'을 문제삼는다.

　참고로 앎과 알지 못함이 둘이 아니라는 이치는 『논어』에도 등장한다. 자칫 그 함의를 오독할 수 있는 공자와 자로의 대화를 여기서 인용해보자.

　　자로가 귀신을 섬기는 방법에 대해 물었다. 공자께서 '살아 있는 사람도 잘 섬기지 못하는데, 어찌 귀신을 섬기겠는가'라고 말씀하셨다. 〔자로가 다시〕 죽음에 대해 물었다. 〔공자께서〕 '삶도 모르면서 어찌 죽음을 알겠는가'라고 말씀하셨다.(「선진」)

　여기서 공자가 말한 '어찌 죽음을 알겠는가'라는 구절을 '죽음의 세계는 알 수 없다'라는 식으로 해석하면 공자의 참된 함의에서는 다소 벗어난 것이라 하겠다. 공자는 삶의 이치를 아는 그 자리에 죽음의 이치가 들어 있음을 비유로 밝히려 한 것이다.(마찬가지로 귀신을 섬기는 것과 사람을 섬기는 것이 근본에서는 서로 다르지 않다.) 여기서 '삶의 이치'와 '죽음의 이치'는 장자의 언어로 치환하면 '앎의 영역'과 '알 수 없는 영역'이 될 것이다. 이렇게 말하고 보니 무위자연을 논한 노장老莊과 인의도덕을 설파한 공맹孔孟이 둘이면서 하나로 수렴돼버렸다.

28. 누가 참사람인가

其好之也一 其弗好之也一 其一也一 其不一也一 其一與天爲徒
기 호 지 야 일   기 불 호 지 야 일   기 일 야 일   기 불 일 야 일   기 일 여 천 위 도
其不一與人爲徒 天與人不相勝也 是之謂眞人
기 불 일 여 인 위 도   천 여 인 불 상 승 야   시 지 위 진 인

[진인眞人에게는] 좋아하는 것도 하나의 이치며, 좋아하지 않는 것도 하나의 이치다.
하나의 이치도 하나이며, 하나가 아닌 이치도 하나이다. 하나는 하늘과 같은 무리가
되는 것이고, 하나가 아닌 것은 사람과 같은 무리가 되는 것이다. 하늘과 사람이 서로
충돌하지 않을 때, 이런 사람을 일컬어 진인이라고 한다.

His liking was one and his not liking was one. His being one was one and his not being one was one.
In being one, he was acting as a companion of Heaven. In not being one, he was acting as a
companion of man. When man and Heaven do not defeat each other, then he may be said to have
the True Man.

오늘날 분과학문적 개념으로 사용되는 인문학이란 용어는 '인
문人文', 즉 '인간의 무늬'란 말에서 유래되었다. 이 같은 어원을
두고 보자면 문학이든 역사든 철학이든 '사람'의 문제를 떠나
생각하는 것은 무의미하다. 특히 철학의 경우 '실천'의 문제가
고려되지 않는다면 내용적으로 아무리 심오한 사상이라 할지라
도 결국은 무용지물에 지나지 않을 것이다. 장자는 일찍이 이러
한 측면을 간파했고, 본문은 이로 인해 '진리'가 아닌 '진인'(참

사람)의 문제를 전격적으로 거론한다.(장자에게 있어 진인은 성인의 또다른 명칭이다.) 여기서는 장자의 진인 사상을 구체적으로 살펴본다.

일반적으로 우리는 성인에 대해 일종의 선입관을 가지고 있다. 즉 성인은 범인에 대비되는 인물이며, 희로애락의 범속한 감정을 초월해 있고, 일말의 흠결도 없는 완전무구한 존재라는 인식이다. 그런데 장자가 제시하는 '진인'은 우리의 예상과는 사뭇 다르다. 우선 진인은 좋아하고 싫어하는 감정에서 전혀 자유롭지 못하다. 말하자면 성인도 미워하는 사람이 있고 좋아하는 사람이 있으며, 좋아하는 음악도 있고 싫어하는 음악도 있다. 그렇다면 정작 진인이 범인과 구분되는 근거가 무엇인가?

이 문제와 관련하여 장자의 핵심은 '하나'라는 글자에 모두 담겨 있다. 본문을 따르자면 진인은 좋아하는 것도 하나로 여기며 좋아하지 않는 것도 하나로 여긴다. 여기서 '좋아하고 좋아하지 않는 것'은 차별의 영역이다. 그런데 이 차별의 영역이 차별이 사라진 경지와 다르지 않다. 이는 노장 사유에 빈번히 등장하는 논리인데, 언뜻 보아서는 이해가 되지 않는다. 굳이 비유로써 설명하자면 희로애락과 같은 감정이 각기 서로 구분된다는 측면에서는 '차별'이지만, 이들이 모두 '마음'의 작용이라는 점에서는 동일하다. 좀더 근원적으로 말하면, 마음은 본시 고정된 실체가 없고 그 본질은 비어 있다. 그렇기 때문에 비어 있는 마음을 근본으로 하여 상황에 따라 이런저런 모습으로 일어나는 모든 감정 작용은 정해진 실체가 없다는 것이다. 결국 장자 철학에서는 '평등'과 '차별'을 서로 구분하지 않고 '하나'로 볼 수 있는 것이 진정한 평등이다. 만일 성과 속, 같음과 다름, 움직임과 고요함을 상호 분리시키고 이와는 별도로 새삼 '평등'을 구하고자 한다면, 그러한 평등은 반드시 '차별'에 상대되는 조건적 평등으로 전락할 것이다.〔이것이 본문에서 말하는 '하늘(평등)과 사람(차별)이 서로 충돌하지 않는다'는 구절의 함의이기도 하다.〕

　서구 인식론에서는 동일률[48]에 근거하여 'A'와 'not-A'를 상호 대립적 관점에서 사유했다. 그런데 이 장에서 살펴본 장자 사상에서는 동일률의 해체가 일어났다. 그로 인해 호好와 불호不好가 둘이 아닌 '하나'가 된 것이다. 그렇게 보자면 장자의 진인이란 결국 만물이 본질에 있어 하나임을 꿰뚫어본 사람과 다를 바 없다.[49]

29. 죽지 않는 도를 논하다

夫藏舟於壑 藏山於澤 謂之固矣 然而夜半有力者 負之而走 昧者不知也
부장주어학 장산어택 위지고의 연이야반유력자 부지이주 매자부지야

藏小大有宜 猶有所遯 若夫藏天下於天下而不得所遯 是恒物之大情也
장소대유의 유유소둔 약부장천하어천하이부득소둔 시항물지대정야

산골짜기에 배를 감추고 연못 속에 산을 감추고서 단단히 간직했다고 말한다. 그러나 밤중에 힘이 센 자가 그것을 등에 지고 가버리면, 어리석은 사람은 알지 못한다. 작은 것을 큰 것에 간직하는 것은 마땅함이 있으나 그래도 사라질 수 있지만, 만일 천하를 천하에 간직하면 사라질 수 없다. 이것이 변치 않는 자연의 진실이다.

You hide your boat in the ravine and your fish net in the swamp and tell yourself that they will be safe. But in the middle of the night a strong man shoulders them and carries them off, and in your stupidity you don't know why it happened. You think you do right to hide little things in big ones, and yet they get away from you. But if you were to hide the world in the world, so that nothing could get away, this would be the final reality of the constancy of things.

존재하는 모든 생명은 태어난 이상 죽음을 면할 수 없다. 어찌 보면 모든 존재가 이 세상에 출현한 순간부터 '죽음'이라는 목적지를 향해 쉬지 않고 달려가고 있다 해도 과언이 아니다. 삶 속에 드리워진 이 같은 죽음의 그림자로 인해 인간은 유사 이래 불멸을 꿈꿔왔다. 그리하여 동서양의 신화에는 불멸을 상징하는 인물이나 모티프가 드물지 않게 등장한다. 장자 또한 여러

구절에서 이 문제를 논하는데, 특히 본문에서는 불멸의 개념을 인식론적 차원에서 이야기하고 있다.

우화에 등장하는 익명의 인물은 어리석은 중생을 상징한다. 그는 산골짜기에 배를 간직하고 연못 속에 산을 간직한다. 물론 독자의 입장에서는 여기서 사용되는 장자의 비유가 워낙 기상천외하여 이 말이 무엇을 의미하는지 어리둥절할 수 있을 것이다. 그렇지만 문맥을 자세히 살펴보면 대체로 어떤 사람이 은밀한 곳에 자신이 애지중지하는 물건을 감춰두는 모습을 암시한 것이라 추측해볼 수 있다. 그런데 설령 배를 산골짜기에 간직했다 할지라고 밤중에 '힘이 센 자'가 산을 통째로 들고 가버리면 별다른 도리가 없다. 여기서 '힘이 센 자'는 무소불위의 파괴력을 가진 존재를 지칭한다. 그렇다면 지금까지 등장한 모티프를 토대로 이야기의 알레고리적 함의를 살펴보자.

어떤 사람이 산과 연못 속에 은밀히 감추는 물건은 하나뿐인 자신의 생명에 대한 비유이다. 남녀노소를 막론하고 자신의 생명보다 소중한 물건이 어디 있겠는가. 그런데 사람이 스스로의 생명을 소중히 여겨 평소 아무리 보약을 먹고 양생의 도를 실천한다 할지라도 힘센 자 앞에서는 어찌할 도리가 없다. 그렇다면 여기서의 힘센 자는 시간에 대한 비유가 될 것이다. 시간은 모든 것을 파괴하며, 시간의 횡포 앞에서는 그 어떤 천하장사나 권력자도 버텨낼 재간이 없다. 그런데 장자는 그 '힘센 자'가 밤중에 물건을 훔쳐서 도주한다고 했다. 밤중은 다름 아닌 음과 양이 교차하는 조화의 시점이다. 즉 생에서 사로, 사에서 생으로의 전이가 극명히 드러나는 순간인 것이다. 여기까지의 고사는 필멸적 인간에 대한 서술이다.

이제 장자가 말하고자 하는 '불멸'의 비방은 다음 구절을 통해 드러난다.

'천하를 천하에 간직하라.'

이 무슨 뚱딴지같은 소리인가? 그러나 장자 사상을 잘 이해하면 이러한 발상이 전혀 특이한 것이 아니다. 천하를 천하에 간직한다고 함은 '나'를 잊은 망아적 상태에 대한 문학적 비유이다. 가령 우리가 뜰에 핀 장미를 '장미'라고 부르는 순간, 눈앞에는 자연과 분리되어 단독자로 존재하는 장미가 현전한다. 그러나 '장미'라는 이름이 사라질 때 장미는 단지 자연일 뿐이다. 자연은 춘하추동으로 끊임없이 순환할지언정 거기에는 삶이라든가 죽음 따위의 말이 붙을 자리가 없다. 결국 장자가 제시하는 불멸의 해법은 가장 근원적이다. 삶이 다가오면 삶과 하나되고, 죽음이 다가오면 죽음과 하나가 되라! 그러면 제아무리 힘센 자라 할지라도 나를 감히 어쩌지 못할 것이다. 그것이 '천하를 천하에 간직한다'는 의미다. 유사한 논리로 위대한 항해사는 망망대해에서 거센 풍랑을 만날 때 태풍의 심장으로 항로를 돌려버린다. 거기가 바로 진실로 '사는' 자리인 것이다.

30. 성인이 되는 단계

吾猶守而告之 參日而後能外天下 已外天下矣 吾又守之 七日而後能外物
오 유 수 이 고 지 삼 일 이 후 능 외 천 하 이 외 천 하 의 오 우 수 지 칠 일 이 후 능 외 물

已外物矣 吾又守之 九日而後能外生 已外生矣而後 能朝徹 朝徹而後 能見獨
이 외 물 의 오 우 수 지 구 일 이 후 능 외 생 이 외 생 의 이 후 능 조 철 조 철 이 후 능 견 독

見獨而後 能無古今 無古今而後 能入於不死不生
견 독 이 후 능 무 고 금 무 고 금 이 후 능 입 어 불 사 불 생

나는 그래도 차근히 지켜보면서 그에게 〔도를〕 말해주었는데, 3일 후에는 천하를 잊어
버렸고, 그런 후 내가 또 그를 지켜보니 7일 후에는 모든 사물을 잊어버렸고, 그런 후
내가 또 그를 지켜보니 9일 후에는 자기의 삶을 잊어버렸고, 그런 후에는 아침햇살과
같은 경지에 도달했고, 그런 후에는 홀로 있음을 볼 수 있었고, 홀로 있음을 본 후에는
시간을 잊어버릴 수 있었고, 시간을 잊은 후에는 죽지도 않고 살지도 않는 경지에 들
어갈 수 있었다.

So I began explaining and kept at him for three days, and after that he was able to put the world
outside himself. When he had put the world outside himself, I kept at him for seven days more, and
after that he was able to put things outside himself. When he had put things outside himself, I kept at
him for nine days more, and after that he was able to put life outside himself. After he had put life
outside himself, he was able to achieve the brightness of dawn, and when he had achieved the
brightness of dawn, he could see his own aloneness. After he had managed to see his own aloneness,
he could do away with past and present, and after he had done away with past and present, he was
able to enter where there in no life and no death.

『장자』는 도를 논한 책이다. 그런데 도는 우리가 세속적으로 추구하는 학문이나 지식과는 다르다. 그렇기 때문에 도를 한정지어 설명할 수 없다. 도의 비규정적 속성을 가장 잘 드러낸 것이 『도덕경』1장의 첫 구절로, 노자는 '말로 할 수 있는 도는 늘 그러한 도가 아니다道可道 非常道'라고 일찍이 말했다. 이 장에서 인용한 장자의 문장은 도의 구체적 내용을 설명하지는 않는다. 대신 도를 깨쳐가는 과정을 비유적으로 서술하고 있다. 본문은 가상의 인물인 여우가 남백자규에게 도를 전하는 대목이다.

여우의 설명에 의하면 그가 한때 복량의라는 인물에게 도를 알려주었는데, 복량의는 도를 들은 지 3일이 되자 천하를 잊어버렸고, 7일이 지난 후 사물을 잊어버렸고, 9일이 지나자 급기야 자신의 삶을 잊어버렸다는 것이다. 여기서 몇 가지 흥미로운 사실을 발견할 수 있다. 첫째는 복량의가 도를 깨치는 과정이 외형적으로는 대상을 '잊어가는' 과정과 일치한다. 즉 도는 일반적인 세속의 공부처럼 새로운 것을 익히고 습득하는 것이 아니라 계속 비워가는 것이다. 둘째는 대상을 '잊어가는' 순서에 주목해볼 필요가 있다. 즉 '세계'를 잊는 것이 상대적으로 쉽고 '나'를 잊는 것이 가장 어렵다. 언뜻 생각하면 그 반대일 것 같지만 실제로 세계는 나와 관련이 없으므로 비교적 신속하게 잊어버릴 수 있고 나를 잊는 것이 가장 어렵다. 왜냐하면 나 자신에 대한 집착이 다른 그 어떤 것에 대한 집착보다 강하기 때문이다. 이제 복량의는 '나'와 '세계'를 모두 잊고 나서 '아침햇살과 같은 경지'에 도달했다.(여기에는 두 가지 함의가 동시적으로 내포돼 있다. 하나는 도를 깨쳐 지혜가 밝게 드러남이며, 다

른 하나는 꿈에서 깨어남覺에 대한 비유이다.) 그다음 단계가
'홀로 있음을 보는 것'이다. 장자 사상에서 '홀로 있음獨'은 일체
의 상대성이 끊어진 경지로서 절대 진리를 상징한다. 상대성이
사라지고 보니 시간의 흐름이 있을 수 없고, 시간이 끊어진 자
리에서 생사는 더이상 문제되지 않는다. 장자는 이를 불생불사
의 경지라 불렀다.

　여기까지 서술한 깨달음의 과정에는 분명히 외형상의 '단계'
가 있다. 즉 선불교에서 이야기하는 것처럼 '단박에 깨치는廓徹
大悟' 것이 아니라, 처음 발심한 상태에서 수행의 단계 단계를
거쳐 마침내 절대 해탈의 경지로 들어서는 것이다. 그렇다고 지
난한 수행과정에 지레 겁먹을 필요는 없을 것 같다. 장자에 의
하면 시간의 길고 짧음은 결국 우리의 망상이 만들어낸 '분별'
이 아니었던가.

득도得道의 단계

천하를 잊음 (3일)
↓
사물을 잊음 (7일)
↓
나를 잊음 (9일)
↓
아침햇살과 같은 경지
↓
홀로 있음을 봄

31. 근원에 대한 단상

殺生者不死 生生者不生 其爲物 無不將也 無不迎也 無不毀也 無不成也
살 생 자 불 사 생 생 자 불 생 기 위 물 무 불 장 야 무 불 영 야 무 불 훼 야 무 불 성 야

만물을 죽일 수 있는 자는 죽지 않고, 만물을 태어나게 하는 자는 태어남이 없다. '그'
는 만물을 떠나보내지 아니함이 없고 맞이하지 아니함이 없으며 허물지 않음이 없고
이루지 않음이 없다.

That which kills life does not die; that which gives life to life does not live. This is the kind of thing it
is; there's nothing it doesn't send off, nothing it doesn't welcome, nothing it doesn't destroy, nothing
it doesn't complete.

독일 시인 횔덜린은 "근원 가까이 사는 자는 그곳을 떠나기 어
렵다"라고 노래했다. 어찌 보면 인문학의 본령은 결국 근원에
대해 깊이 생각하고 고민하는 것이다. 철학에서 '근원'은 달리
말하면 중심이다. 물론 여기서의 중심이 공간적인 '가운데'를 지
칭하는 것은 아니며, 그보다는 모든 존재하는 것의 시원(혹은
토대)이 된다는 의미에서의 중심이다. 그렇기 때문에 근원은
자신의 정해진 자리 없음을 자기 자리로 한다. 공자는 이를 '그
림 그리는 것은 흰 바탕이 있은 후에 할 수 있다繪事後素'라는 말
로 암시했다.
　근원과 관련된 철학적 성찰로는 『주역』의 '수풍정水風井' 괘가

단연 압권이다. 여기서 그 일부를 소개해보기로 한다.

> 우물은 마을을 고치되 우물은 고치지 않는 것이니, 잃는 것도 없고
> 얻는 것도 없다. 오고가는 사람이 우물을 퍼서 마신다. 두레박이 우
> 물에 거의 이르렀으나 두레박 줄이 짧아 우물에 닿지 않으니, 그 두
> 레박이 깨지면 흉하다.

여기서 우물은 근본, 불변, (수양의) 깊이 등 다양한 의미를 내포한다. 외형적으로 보자면 우선 우물은 스스로가 움직이는 법이 없다. 대신 사람들이 와서 물을 길어간다. 달리 말해 '근본'이 움직이면 남을 돕지 못할 뿐 아니라 자신도 존재할 수 없다. 이와 더불어 우물의 핵심은 깊이다. 즉 샘은 깊을수록 물이 마르지 않고 오래간다.

위 인용문에서 우물과 마을은 대비를 이룬다. 즉 우물이 불변의 상징이라면, 마을은 변화를 상징한다. 그리하여 우물에 대해 '잃는 것도 없고 얻는 것도 없다'고 했다. 반면 마을은 시대에 따라 풍습이 변하고 사람도 바뀐다. 그렇지만 변화와 불변은 늘 함께 있다. 단 사람이 (진리의) 샘물을 마시기 위해서는 두레박과 두레박 줄이 필요할 것이다. 그런데 대부분의 경우 두레박 줄이 충분치 않아 우물에 닿기도 전에 두레박이 깨져버린다. 혹은 요행히 두레박 줄이 샘물까지 닿았다 할지라도, 인간은 자신의 두레박 크기만큼만 물을 길을 수 있다. 요컨대 ('우물'로 상징되는) 진리는 한순간도 자신의 모습을 감춘 적이 없다. 단지 인간이 스스로의 망상심에 사로잡혀 진리와 괴리되거나, 부분

적으로 진리를 인식할 뿐이다. 이것이 '수풍정' 괘가 말하려는
함의이다.

앞의 『장자』 본문에서 장자가 근원의 개념을 설명하는 대목
은 다소 사변적이다. 장자에 따르면 만물을 죽일 수 있는 자는
(자신이) 죽지 않아야 한다. 더불어 만물을 태어나게 하는 자는
스스로 태어남이 없어야 한다. 여기서 생사가 현상세계에 대한
다른 이름이라면, 불생불사는 본체적 영역에 대한 비유이다. 일
례로 여닫이문의 열리고 닫히는 작용이 생사라면, 문의 지도리
는 불생불사이다. 지도리는 그 자체가 움직이는 법이 없으나,
문의 열리고 닫히는 작용은 이로부터 말미암는다.

그 밖에 본문에 등장하는 '그'는 도, 절대자, 자연 등의 개념
으로 파악하면 좋을 듯하다. 그리고 '만물을 떠나보내지 아니함
이 없고 맞이하지 아니함이 없다'는 대목과 관련해서는 거울의
이미지를 떠올려보는 것이 좋다. 거울은 자체가 비어 있기 때문
에 사물을 있는 그대로 비출 수 있고, 더불어 사물을 억지로 간
직하려 하지도 않는다. 장자는 거울이 사물과 단절되지 않은 측
면을 '어지러움攖'으로 표현했고, 사물과 어우러지면서도 항상
고요한 경지를 '편안함寧'에 빗대어 말했다. 즉 하늘의 달이 한
치도 제자리를 이탈하지 않으면서 수많은 강 위에 각양각색의
달그림자를 드리우는 것과 같은 이치다. 정중동靜中動이자 동중
정動中靜인 것이다.

결론적으로 근원은 결코 현실과 분리되어 홀로 존재하는 것
이 아니지만, 그렇다고 현상적으로 드러난 모습을 근원 그 자체
와 동일시할 수 없다. 이 같은 '둘이 아닌不二' 사유에서 만일 우

리가 다섯 가지 감각기관의 인식 대상만을 실재하는 것으로 문제삼으면 (사상적으로는) 유물론으로 떨어질 것이고, 현상 속에 감춰진 본체적 영역만을 강조하면 유심론으로 귀결될 것이다. 물론 장자가 제시하는 근원의 개념은 유물과 유심의 양극단을 모두 포용하면서 한편으로는 양자를 넘어서는 것이다.

32. (반ₐ)문명발달사

聞諸副墨之子 副墨之子 聞諸洛誦之孫 洛誦之孫 聞之瞻明 瞻明聞之聶許
문저부묵지자 부묵지자 문저낙송지손 낙송지손 문지첨명 첨명문지섭허
聶許聞之需役 需役聞之於謳 於謳聞之玄冥 玄冥聞之參寥 參寥聞之疑始
섭허문지수역 수역문지오구 오구문지현명 현명문지참료 참료문지의시

〔나는 도를〕 부묵의 아들에게서 들었다. 부묵의 아들은 그것을 낙송의 손자에게서 들었
고, 낙송의 손자는 그것을 첨명에게서 들었고, 첨명은 그것을 섭허에게서 들었고, 섭허
는 그것을 수역에게서 들었고, 수역은 그것을 오구에게서 들었고, 오구는 그것을 현명
에게서 들었고, 현명은 그것을 참료에게서 들었고, 참료는 그것을 의시에게서 들었다.

I heard it from the son of Aided-by-Ink, and Aided-by-Ink heard it from the grandson of Repeated-
Recitation, and grandson of Repeated-Recitation heard it from Seeing-Brightly, and Seeing-Brightly
heard it from Whispered-Agreement, and Whispered-Agreement heard it from Waiting-for-Use, and
Waiting-for-Use heard it from Exclaimed-Wonder, and Exclaimed-Wonder heard it from Dark-
Obscurity, and Dark-Obscurity heard it from Participation-in-Mystery, and Participation-in-Mystery
heard it from Copy-the-Source!

이번 장의 제목은 다소 혼란스럽다. 본문에서 장자가 인간의 지
혜가 성숙해가는 과정을 비유적으로 설명하고 있으니 당연히
'문명발달사'라 칭할 수 있겠으나, 그 내용적 함의를 자세히 살
펴보면 오히려 '앎(망상된 앎妄知)'이 떨어져나가는 과정을 서
술한 것이다. 문명은 본질상 인간의 지식이 누적되면서 건설된

것이니, 어떤 의미에서 장자의 이 구절은 다분히 반反문명적이다. 어쨌든 독자의 입장에서는 양자의 가능성을 모두 열어두고 본문을 읽는 것이 좋을 것 같다.(이로 인해 양가적 의미의 제목을 붙이게 되었다.)

가공의 인물인 남백자규가 여우에게 도의 기원을 물었다. 연이은 여우의 대답에서 처음 등장하는 것이 '부묵副墨', 즉 먹의 자식이다. 먹은 글자를 쓰는 도구이니 여기서는 '문자'의 개념 정도로 해석하면 무리가 없을 것이다. 다음이 '낙송洛誦'의 손자이다. 낙송은 책의 암송을 의미하는 것으로 문자문명 이전 단계에 해당한다. 다음은 '첨명瞻明'이다. 첨명은 눈으로 밝게 보는 단계인데, 앞선 부묵이나 낙송에 비해 대상 인식이 훨씬 직접적이다. 예를 들어 어린아이에게 말로 '사과'를 설명하다가, 급기야 '사과'를 직접 보여주는 것으로 이해하면 좋을 것이다. 다음은 '섭허聶許', 즉 귀에 대고 소곤대는 형상이다. 이를 앞의 첨명과 비교하면 감각적으로는 시각에서 청각의 영역으로 넘어갔다. 흥미로운 것은 동양의 경우 도를 시각보다는 청각의 대상으로 파악했다는 것이다. 그리하여 공자는 '아침에 도를 들으면 저녁에 죽어도 좋다朝聞道 夕死可矣'라고 했고, 불교에서 석가부처의 설법도 결국은 청각을 통해 중생을 깨달음에 이르게 하려는 것이다. 그다음 단계는 '수역需役'이다. 여기서 '수'는 '기다림'의 의미이며, '역'은 '행함'의 뜻이다. 즉 앞선 '인식'의 단계에서 '실천'의 영역으로 이행했다. 다음이 '오구於謳'의 경지로, 이는 '기뻐서 소리친다'는 의미다. 즉 진리와 함께 기뻐하는 법열法悅의 단계에 이른 것이다. 다음이 '현명玄冥'인데, '현'과 '명'은

단계	내용
① 부묵副墨의 아들	문자 사용 단계
② 낙송洛誦의 손자	암송의 단계
③ 첨명瞻明	눈으로 밝게 봄
④ 섭허聶許	귀로 들음
⑤ 수역需役	기다려 행함
⑥ 오구於謳	기뻐서 소리침
⑦ 현명玄冥	어둠(분별이 사라짐)
⑧ 참료參寥	텅 빈 허공에 참여함
⑨ 의시疑始	시작을 의심함

모두 '어둠'의 의미로 '분별이 사라졌음'을 암시한다. 달리 말해
주객 분리에서 주객 미분의 단계로 회귀하는 것이다. 그다음
'참료參寥'는 '텅 빈 허공에 참여하다'라는 의미다. 즉 일체의 알
음알이가 사라진 경지다. 득도의 마지막 단계는 '의시疑始'다.
의시는 글자 그대로 '시작을 의심하는 것'이다. 만유의 근원이
있는 듯하지만 그 자취를 찾을 수 없고, 시작을 별도로 규정할
수 없으니 끝도 확인할 수 없다. 말하자면 시작과 끝이 사라진
경지에서 삶과 죽음을 모두 넘어서는 것이다.

이상 본문에서 설명한 수행적 과정을 살펴보면 인식론적으로
는 '명료함'에서 점차 '모호한' 경지로 이행한다. 그런데 장자의
의도를 따르자면 도는 명료하기보다 혼돈 상태에 가깝다. 물론
그 혼돈은 우리의 인식이 도달할 수 없다는 의미에서의 '혼돈'
이다. 비근한 예로 태극기에서 하늘의 불기운과 땅의 물기운이

서로 상접하지만, 서로가 서로를 멸滅하지 않는 것이 우리의 합리적 인식으로 바라보면 분명 모순이다. 그러나 '불과 물이 서로를 죽이지 않는水火不相射' 그 경지가 바로 생명의 본질이다. 결국 장자의 '도'는 '생명'을 일컫는 다른 이름으로 봐도 무방할 듯하다.

33. 인과론은 종교의 본질인가

今之大冶鑄金 金踊躍曰 我且必爲鏌鋣 大冶必以爲不祥之金 今一犯人之形
금 지 대 야 주 금　금 용 약 왈　아 차 필 위 막 야　대 야 필 이 위 불 상 지 금　금 일 범 인 지 형
而曰 人耳人耳 夫造化者 必以爲不祥之人 今一以天地爲大鑪 以造化爲大冶
이 왈　인 이 인 이　부 조 화 자　필 이 위 불 상 지 인　금 일 이 천 지 위 대 로　이 조 화 위 대 야
惡乎往而不可哉
오 호 왕 이 불 가 재

지금 대장장이가 쇠붙이를 녹이는데 쇠붙이가 뛰어올라와 '나는 기필코 막야[고대 중국의 명검]가 되겠다'고 말한다면, 대장장이는 필경 상서롭지 못한 쇠붙이라고 여길 것이다. 이제 한 번 인간의 몸을 받고 세상에 태어나 '나는 오직 사람만 되겠다'고 말한다면, 저 조화라는 자가 반드시 상서롭지 못한 사람이라고 여길 것이니, 지금 한 번 천지를 커다란 용광로로 삼고, 조화를 대장장이로 삼았으니, 어디로 간들 좋지 않겠는가?

When a skilled smith is casting metal, if the metal should leap up and say, 'I insist upon being made into a Mo-yeh!' he would surely regard it as very inauspicious metal indeed. Now, having had the audacity to take on human form once, if I should say, 'I don't want to be anything but a man! Nothing but a man!', the Creator would surely regard me as a most inauspicious sort of person. So now I think of heaven and earth as a great furnace, and the Creator as a skilled smith. Where could he send me that would not be all right?

장자는 누구보다 '자유'의 문제를 깊이 성찰한 사상가였다. 그는 인간이 설령 제왕의 신분으로 태어나 일생을 법 위에 군림한다 할지라도, 일단 육신의 몸을 받고 세상에 존재하는 이상은 결단코 완전한 자유에 도달할 수 없음을 직감하고 있었다. 장자

가 '죽음'의 문제를 논하는 것도 어떤 의미에서는 '인간이 어떻게 자유로울 수 있는가'에 대한 다른 차원에서의 질문이라 할 수 있다.

　장자는 기본적으로 인간의 자유를 저해하는 일차적 요인이 '앎'에 있다고 믿었다. 가령 '죽음 후에는 아무것도 존재하지 않는다'고 생각하는 것도 앎이며, '내생이라든가 전생에 대한 믿음'도 모두 앎의 일종이다. 무엇보다 앎은 인간이 지금 여기 완전한 모습으로 존재하는 것을 저해한다. 내세에 대한 믿음은 현세를 내세에 담보잡히게 하고, 더불어 지금 '나'의 모습은 전생의 결과로서 드러난 것과 다름없다. 장자가 본문에서 비판하려는 것은 전생-금생-내생이라는 삼세의 연결고리에서 그 결정권을 '내'가 스스로 행사할 수 있다는 주체론적 입장이다. 가령 '갑'이라는 사람이 살아서 일정한 선업을 쌓고, 그 같은 '행위'를 토대로 자신이 내세에는 더 나은 모습으로 세상에 태어날 수 있다고 믿는다면, 이는 스스로를 자신의 앎 속에 가두는 것이다.

　여기서 잠시 장자가 제시하는 비유의 함의를 살펴보자. 장자는 자연에 존재하는 모든 생명체는 '조화'라는 대장장이가 임의로 주조한 것이라 주장한다. 그런데 '주물'(기독교적으로는 '피조물')이 대장장이 앞에 서서 머리를 치켜들고, '나를 인간으로 만들어주시오'라고 말한다면 그 얼마나 가당찮은 일이겠는가. 나아가 '주물-대장장이-용광로'의 관계적 함의를 깊이 통찰할 수 있다면 인간이니 식물이니 하는 구분이 무슨 큰 의미를 가지겠는가. 달리 말해 인간됨을 선호하는 것도 망상으로 선호하는 것이고, 인간 아님을 혐오하는 것도 망상으로 싫어하는 것에 불과하다. 분별심을 거두어버리면 존재하는 것은 단지 위대한 조화의 '과정'일 뿐이다.(이것이 장자의 논리다.) 결국 장자가 말하는 대자유는, 그 조화의 끊임없이 순환하는 과정을 자신의 제한된 앎으로써 임의로 굴절시키지 말라는 것이다. 앎이 사라질 때 나는 비로소 조화 속에서 '편안히 잠들었다가死 화들짝 깨어날生' 수 있다.

끝으로 장자가 말하는 대자유의 철학적 함의를 불교의 인과론적 사유와 비교해보자. 불교는 외견상 카르마業^{karma}의 개념에 의거하여, 내생이 나의 카르마에 의해 결정된다는 인과론적 사유를 묵인하는 듯 보인다. 그런데 불교 인식론의 토대가 되는 유식唯識 철학의 관점에서 보자면 인과론에 근거한 윤회는 마음이 움직이는 것인데, 마음은 분별이며 분별은 망상이다. 그렇다면 망상분별식이 끊임없이 욕계欲界, 색계色界, 무색계無色界의 삼계를 오가며 윤회하되 여래의 본성은 삼계를 오간 적이 없다. 『대승기신론』의 논리를 빌어 말하자면, 바람이 불어 아무리 파도가 일지라도, 그 파도가 '물'의 본성을 떠나 있지 않다는 것이다. 결국 본문에서 장자가 말하는 '조화造化'를 분별식의 일어남과 사라짐의 개념과 등치시키는 것이 가능하다면, 인과론에 대한 장자와 불교의 사유가 본질에 있어 완전히 배치되는 것이 아님을 알 수 있다.

34. 예의 참된 의미

嗟來桑戶乎 嗟來桑戶乎 而已反其眞 而我猶爲人 猗 子貢趨而進曰
차 래 상 호 호　차 래 상 호 호　이 이 반 기 진　이 아 유 위 인　의　자 공 추 이 진 왈

敢問臨尸而歌 禮乎 二人相視而笑曰 是惡知禮意
감 문 임 시 이 가　예 호　이 인 상 시 이 소 왈　시 오 지 예 의

"아! 상호여, 아! 상호여. 그대는 이미 근원으로 돌아갔는데 우리는 아직 육신을 벗어
나지 못했구나. 아!" 자공이 총총걸음으로 다가와 말했다. "감히 묻겠습니다. 시신을
앞에 두고 노래하는 것이 예에 합당합니까?" 두 사람이 서로 마주보고 웃으면서 말했
다. "이 사람이 어찌 예의 참된 의미를 알겠는가?"

"Ah, Sang-hu! Ah, Sang-hu! You have gone back to your true form while we remain as men, O!"
Tzu-kung hastened forward and said, "May I be so bold as to ask what sort of ceremony this is—
singing in the very presence of the corpse?" The two men looked at each other and laughed, "What
does this man know of the meaning of ceremony?" they said.

장자의 인물 중에는 기인이 빈번히 등장한다. 기인은 세속적 관
습이나 고정관념을 넘어서 있는 무리이며, 어떤 의미에서 장자
는 이들 가공의 캐릭터를 통해 유가에서 강조하는 인의도덕 등
의 인위적 규범을 해체하고 한편으로 조롱한다. 그들은 부나 명
예 등과 같은 세속적 관심을 떠나 있으며, 생로병사와 같은 인
간의 실존적 문제조차 이들에게 하등의 영향을 미치지 못한다.
그렇다면 기인에게 '예禮'는 무용한 것인가? 만일 인간으로서

예가 없다면 무엇으로 다른 동물과 구분될 수 있겠는가? 본문의 내용은 바로 이런 물음에 대한 장자의 답변이다.

맹자반과 자장금, 자상호 세 인물은 서로가 막역한 친구 사이다. 이들은 사귐이 없는 것으로 사귀며, 말함이 없이 마음을 주고받는다.[50] 세속적 관점에서 보자면 세 사람의 우정을 확인할 수 있는 징표는 아무것도 없다. 그러던 중 자상호가 세상을 떠나면서, 본문은 그의 장례식 광경을 묘사하고 있다. 알다시피 인간 사회에서 죽은 사람을 떠나보내는 장례 의식은 예의 근본이다. 그런 만큼 장례 의식은 그 내용이나 형식이 (적어도 유가적 관점에서는) 정교해야 한다. 아니나 다를까 장자는 공자와 그의 제자 자공을 이 본문에 등장시킨다. 그리하여 의도적으로 자상호의 장례식 장면을 유가적 관점에서 조명한다.

자공이 공자의 명을 받아 장례식장에 도착해보니 장례를 주관하는 맹자반, 자장금 두 사람은 친구의 죽음에도 불구하고 전혀 애통해하는 기색이 없다. 오히려 그중 한 사람은 거문고를 켜고 다른 사람은 노래부르며 흡사 잔치를 벌이는 듯했다. 보다 못한 자공이 그들 앞에 나아가 따져 묻는다. "시신을 앞에 두고 노래하는 것이 예에 합당합니까?" 자공의 힐책에 두 사람은 즉답을 피하고 서로 마주보며 빙그레 웃을 뿐이다. 그러면서 "이 사람이 어찌 예의 참된 의미를 알겠는가"라고 중얼거렸다. 여기서 일단 '예'에 대한 기인과 자공 간의 대화가 일단락된다. 물론 이 기인과 자공은 각각 노장과 유가적 세계관을 대변하고 있다고 봐도 큰 무리가 없을 것이다.

먼저 자공의 관점에서 논하자면 죽은 자를 앞에 두고 애도를 표하는 것이 최소한의 예의법도에 부합된다. 그런데 장자는 그 같은 유가적 고정관념을 깨트려버렸다. 장자의 입장에서는 생生이 조화의 과정에서 임의로 형체를 받아 세상에 잠시 머무는 것이라면, 죽음은 본래적인 대자연의 상태로 귀속되는 것이다. 즉 임시로 빌린 '나'의 허물을 벗고 본래의 나, '참나'로 되돌아가는 것이 죽음의 참된 의미다. 그렇게 보자면 죽음은 모든 생명이 수고로운 생을 마감하고 금의환향하는 것인데, 구차하게 슬퍼할 이유가 어디 있겠는가.

더 나아가 예의 참된 본질이 사사로운 '나'를 넘어서는 데 있다면,[51] 생사의 과정에서 일희일비하는 것은 오히려 진정한 예의 도리에 위배되는 것이 아니겠는가.(장자에 의하면 '생사'는 자연과 분리된 인간이 임의로 만든 개념이다.) 요약하자면 장자는 예의 근본을 밝히기 위해 형식주의적 예를 해체하고 조롱했다. 그렇지만 역설적으로 형식을 통해 예의 본질이 더 잘 드러날 수 있다면, 이 또한 반드시 부정될 필요는 없을 것이다. 그로 인해 장자는 이어지는 공자와 자공의 대화를 통해 유가적 예의 형식을 다시금 긍정한다. 결국 장자는 이 우화를 통해 예의 본질과 형식을 모두 살려냈다. 장자의 절묘한 필력이 아니면 가히 불가능한 서사 기법이다.

35. '나'는 과연 '나'인가

庸詎知吾所謂吾之非吾乎 且汝夢爲鳥而厲乎天 夢爲魚而沒於淵 不識 今之言者
용 거 지 오 소 위 오 지 비 오 호　차 여 몽 위 조 이 여 호 천　몽 위 어 이 몰 어 연　불 식　금 지 언 자

其覺者乎 其夢者乎
기 교 자 호 　기 몽 자 호

어찌 내가 이른바 나라고 여기는 것이 내가 아님을 알겠는가? 또 너는 꿈에 새가 되어
하늘로 날아오르기도 하고, 꿈에 물고기가 되어 연못 속에서 노닐기도 하는데, 알 수
없구나! 지금 이렇게 말하는 사람은 꿈에서 깨어난 것인가, 아직도 꿈을 꾸고 있는 것
인가.

How do we know that this 'I' we talk about has any 'I' to it? You dream you're a bird and soar up into
the sky; you dream you're a fish and dive down in the pool. But now when you tell me about it, I
don't know whether you are awake or whether you are dreaming.

노장 철학이나 불교에서는 '나'에 대한 논의가 자주 등장한다.
물론 그 배후에는 내가 생각하는 '나'가 나의 참모습이 아니라
는 역설이 깔려 있다. 그럼에도 불구하고 나의 실상을 단도직입
적으로 지시하는 것은 불가능하다. 왜냐하면 한정지어 말할 수
있는 모든 것은 어떤 의미로든 우리 사유의 일개 대상으로 전락
하기 때문이다. 존재와 인식 상호간의 이 같은 '미끄러짐'으로
인해, 장자는 부정어법[52]에 기대어 '나'의 문제를 탐구한다. 이
장에서는 장자가 (내가 생각하는) '나'를 해체해나가는 과정을

자세히 살펴본다.

장자에 의하면 세상 사람들은 '잠시 서로 함께하는 것'을 '나'라고 여긴다. 여기서 '서로 함께'가 지시하는 대상은 불명확하나 이를 '마음과 육체'의 맥락에서 이해하면 큰 무리가 없을 것이다. 즉 나는 내 정신이 깃들어 있는 육신을 '나'라고 간주한다. 그러나 육신은 엄밀한 의미에서 여러 물질이 임시로 결합하여 만들어진 것이다. 실제로 내 몸 안에 있는 '피'와 '땀'이, '물'의 변형된 성분이 아니라고 말할 근거는 없다. 본문에서 장자의 논지는 명확히 인간을 '자연'으로 파악하는 입장이다. 다소 극단적으로 말하자면, 인간이 자기의 육신을 '나'라고 여기는 것은 흡사 바위나 나무를 지목하여 '나'라고 주장하는 것과 별반 다르지 않다. 본문에서 '꿈'의 모티프는 장자가 사물의 허구적본질을 지적하기 위해 빈번히 차용하는 기법이다. 실제로 꿈은우리의 실생활과 한순간도 분리된 적이 없지만, 동시에 꿈보다명확하게 비현실적인 것도 없다. 그럼에도 우리는 꿈을 꾸는 순간만큼은 단 한순간도 그것이 허구라고 생각하지 않는다. 그것이 장자가 꿈의 기제를 통해 '나'의 허구성을 밝히고자 하는 이유이다.

나는 꿈을 꾸면서 이런저런 다른 모습으로 새롭게 탄생할 수있다. 본문에서 제시하는 것처럼 한번은 새가 되어 하늘을 날수도 있고, 한번은 물고기가 되어 연못을 헤엄칠 수도 있다. 그런데 꿈속에서 새가 된 순간 나는 나를 새라고 믿을 것이고, 물고기가 된 순간은 나를 물고기라고 굳게 믿을 것이다. 그러나진정한 나는 새도 아니고 물고기도 아닌, '꿈꾸는 나'일 뿐이다.

월전 장우성, 〈중추仲秋〉, 1986. 허공에 뜬 달은 천강千江 위에 드리워져 이런저런 형태로 자기 모습을 드러낼 것이다. 창공의 달과 강물에 비친 달그림자는 서로 분리돼 있지도 않으나, 달그림자가 달은 아니다.

여기서 '꿈꾸는 나'는 조화의 근원이고, 새와 물고기는 조화가 형상으로 드러난 것이다. 둘은 분리되어 있지 않지만 그렇다고 양자를 동일시할 수도 없다. 어찌 보면 새도 나이고 물고기도 나이다. 그렇지만 '내가 새이다'라고 규정짓는 것은 적절치 않다. 나의 본질은 그 무엇으로든 한정될 수 없기 때문이다.

결국 장자가 꿈의 비유를 통해 경계하고자 한 것은, 한정지을 수 없는 것을 한정짓고자 하는 인간의 사념이었다. 물론 '한정 지음'은 인간 사유의 특징이다.(일례로 말과 이름의 속성은 대상을 전체로부터 분리시켜 개념의 틀 속에 가두는 것이다.) 그

렇다고 인식이 존재의 참다운 본질을 멋대로 재단하거나 왜곡
하는 것은 가당치 않다. 조화의 근원은 새가 되어 하늘로 비상
하기도 하고 물고기가 되어 심연을 헤엄치기도 한다. 현상적으
로 연못과 하늘은 서로가 음과 양으로 상극이다. 그러나 음양이
공히 일태극一太極의 조화인 줄 아는 사람은 드물다. 장자가 말
하는 '참나'는 음양을 넘어선 일태극의 세계인 것이다.

36. 운명 속에서 운명을 넘어서다

吾思夫使我至此極者 而不得也 父母豈欲吾貧哉 天無私覆 地無私載
오 사 부 사 아 지 차 극 자　이 부 득 야　부 모 기 욕 오 빈 재　천 무 사 부　지 무 사 재

天地豈私貧我哉 求其爲之者而不得也 然而至此極者 命也夫
천 지 기 사 빈 아 재　구 기 위 지 자 이 부 득 야　연 이 지 차 극 자　명 야 부

나는 누가 나를 이 같은 극한에 이르게 했는지를 생각해봤지만 알 수가 없었다. 부모
님이 어찌 내가 가난하기를 바라셨을 것이며, 하늘은 사사로움 없이 〔만물을〕덮어주
고, 땅은 사사로움 없이 〔만물을〕 실어주니, 천지가 어찌 사사로이 나를 가난하게 할
리가 있겠는가? 그래서 나를 이렇게 만든 존재를 찾아보았지만 알 수 없었다. 그러니
내가 이 같은 극한에 이르게 된 것은 운명일 것이다.

I was pondering what it is that has brought me to this extremity, but I couldn't find the answer. My
father and mother surely wouldn't wish this poverty on me. Heaven covers all without partiality; earth
bears up all without partiality—heaven and earth surely wouldn't single me out to make me poor. I try
to discover who is doing it, but I can't get the answer. Still, here I am—at the very extreme. It must be
fate.

중국 고전에서 인생의 고난을 이야기할 때 빠질 수 없는 주제
중 하나가 '가난'이다. 이는 중국인의 현실주의적 측면이 잘 드
러나는 대목이다. 물론 인생에서 가난이 쉽게 감내할 수 있는
질곡은 아니겠지만, 유대인이나 인도인이었다면 좀더 관념적이
고 추상적인 모티프를 통해 고난의 본질을 밝히고자 했을 것이

다. 본문은 고난에 처한 인간이 자신의 운명을 어떻게 넘어설 수 있는가를 보여주고 있다.

자여와 자상은 서로가 벗으로 사귀었는데 장마가 계속되자 자여가 친구의 가난을 걱정하여 먹을 것을 가지고 그의 집을 방문했다. 자상의 집 문 앞에 당도했을 때 집 안에서는 노랫가락이 흘러나왔다. 흐느끼고 탄식하는 듯한 곡조에 맞춰 자상이 읊조리는 것은 '아버지, 어머니, 하늘, 사람'이라는 내용이었다. 자상은 자신의 가난을 원망하며 그 원인을 찾아보고자 한 것이다. 부모는 나를 낳고 기른 존재인데 어찌 자기 자식이 가난에서 벗어나지 못하기를 바랐을 것인가. 그렇다고 하늘과 땅을 원망하자니 천지자연이 어찌 '나'를 사사로이 지목하여 가난으로 고통받기를 원했을 것인가. 결국 자상은 아무리 궁리해도 자기를 옥죄는 가난의 원인을 찾을 수 없었다. 이 장의 마지막 대목이자 「대종사」의 결론에 해당하는 자상의 이야기는 '명命', 즉 운명이라는 말로 끝맺는다. 운명은 다시 말해 '하늘이 명한 것'이니, 자상이 평생 자신을 괴롭혀온 가난을 운명의 조화로 돌리며 스스로의 원망하는 마음을 내려놓는 것으로 이 구절을 해석해볼 수 있겠다.

그런데 '대종사'의 이미지와 겹쳐지는 자상의 캐릭터를 단지 운명에 순응하는 수동적 인물로만 해석하기에는 뭔가 석연찮은 점이 있다. 실제로 장자 사상에서 운명은 내맡김, 관조, 초월 등의 복합적 의미가 미묘하게 혼재된 개념이다. 어찌 보면 인간으로 태어나 대자연의 섭리에 자신을 온전히 내맡기는 것보다 더욱 주체적인 행위는 있을 수 없다. 자연에 내맡김은 역설적이지만 내 삶의 참된 본질에 대한 자각에서 비롯되며, 더 나아가 일신의 사사로운 행과 불행에 더이상 좌지우지되지 않겠다는 실존적 결단이 서려 있다. 운명은 우연을 가장한 필연이 될 수 있고, 많은 경우 인간은 자신의 운명에서 벗어나고자 한다. 그런데 장자가 보건대 운명에 저항하는 것은 나를 대우주와 분리된 '소아小我'로 규정하는 행위이다. '내맡겨라let it be, 그러면 자유로워질 것이다.' 이것이 장자가 전하고자 하는 메시지다. 민족시인 한용운은 이를 〈복종〉이란 시로 풀어냈다.

남들은 자유를 사랑한다지마는 나는 복종을 좋아하여요.
자유를 모르는 것은 아니지만 당신에게는 복종만 하고 싶어요.
복종하고 싶은데 복종하는 것은 아름다운 자유보다도 달콤합니다.
그것이 나의 행복입니다.
그러나 당신이 나더러 다른 사람을 복종하라면 그것만은 복종할 수가 없습니다.
다른 사람을 복종하려면 당신에게 복종할 수가 없는 까닭입니다.

제7편

제왕의 자리에 응하다

「응제왕應帝王」은 문자 그대로 '제왕의 자리에 응한다'라는 뜻이다. 달리 말하면 '누가 제왕의 자격을 갖춘 자인가'라고 풀이해 볼 수 있다.(여기서 말하는 제왕은 성인의 덕을 갖춘 명왕을 지칭한다.)「응제왕」에서 장자가 제시하는 명왕의 조건은 무심無心이다. 즉 스스로가 명왕이라는 의식 없이 무심으로 외부 사물에 감응할 수 있는 자가 명왕이다. 그렇게 보자면 진정한 명왕은 역설적이지만 '명왕'이란 이름이 사라진 자이다. 어느 누구든 이름과 명예에 대한 집착심을 가지고 왕 노릇을 하게 되면, 반드시 민심을 거스르고 백성 위에 군림하게 된다. 여기서 '이름이 사라졌다' 함은『장자』전편의 무아 사상과 연결되는 부분인데,「응제왕」에 등장하는 우화와 연결시켜보면 '혼돈'이 명왕의 상징이다.

그러나 이 우화에서 혼돈은 남해와 북해의 왕에게 죽임을 당하고, 이로 인해 명왕의 도래는 요원한 일이 되었다. 여기서 남해와 북해의 왕이 아만我慢과 아집我執의 상징임은 두말할 나위없다. 요약하자면 「응제왕」의 메시지는 다분히 역설적이다. 인간은 스스로 위대해지려 할수록 더욱 낮아진다. 위대함은 나에 대한 집착이 사라진 결과로서 얻어진 그 무엇이다. 달리 말해 자기를 낮춘 결과로서 한없이 높아진 것이지, 높은 자가 낮게 임해서 높아진 것이 아니다. 나아가 명왕의 덕은 무어라 이름 지을 수 없다. 그로 인해 장자는 부득이 '혼돈'이란 상징적 캐릭터를 설정했던 듯하다.

37. 명왕은 다스림 없이 다스리는 자이다

肩吾見狂接輿 狂接輿曰 日中始何以語女 肩吾曰 告我 君人者 以己出經
견 오 견 광 접 여   광 접 여 왈   일 중 시 하 이 어 여   견 오 왈   고 아   군 인 자   이 기 출 경
式義度人 孰敢不聽而化諸 狂接輿曰 是欺德也 其於治天下也 猶涉海鑿河
식 의 도 인   숙 감 불 청 이 화 저   광 접 여 왈   시 기 덕 야   기 어 치 천 하 야   유 섭 해 착 하
而使蚊負山也 夫聖人之治也 治外乎 正而後行 確乎能其事者而已矣
이 사 문 부 산 야   부 성 인 지 치 야   치 외 호   정 이 후 행   확 호 능 기 사 자 이 이 의

견오가 광접여를 찾아가자 광접여가 말했다. "전날 중시는 그대에게 무엇을 말해주었는가?" 견오가 말했다. "제게 말하기를 '군주될 자가 자신을 올곧게 하여 의를 법식으로 삼고서 사람을 제도한다면, 거기에 복종하고 교화되지 않을 자가 어디 있겠는가'라고 했습니다." 광접여가 말하기를, "그것은 거짓 덕이니, 그렇게 천하를 다스리는 것은 마치 바다를 걸어가고 강물을 파서 길을 내며 모기에게 산을 짊어지게 하는 것과 같다. 성인의 다스림이 외면을 다스리는 것인가? 자기 자신을 바르게 한 후에, 〔백성들로 하여금〕 능히 각자가 할 수 있는 바를 공고하게 해줄 뿐이다"라고 했다.

Chien Wu went to see the madman Chieh Yu. Chieh Yu said, "What was Chung Shih telling you the other day?" Chien Wu said, "He told me that the ruler of men should devise his own principles, standards, ceremonies, and regulations, and then there will be no one who will not fail to obey him and be transformed by them." The madman Chieh Yu said, "This is bogus virtue! To try to govern the world like this is like trying to walk the ocean, to drill through a river, or to make a mosquito shoulder a mountain! When the sage governs, does he govern what is on the outside? He makes sure of himself first, and then he acts. He makes absolutely certain that things can do what they are supposed to do, that is all."

일국의 지도자가 될 사람이라면 누구나 한번쯤 자신이 명왕으로 역사에 길이 남기를 내심 고대할 것이다. 그런데 동서양을 막론하고 이상사회를 논할 때는 반드시 왕도정치를 말했다. 왕도정치의 핵심은 성인이 왕 노릇하거나 왕이 성인이 되는 것이다. 장자에서도 이상사회를 논하는 대목에서 명왕의 핵심 자질을 언급하고 있다. 물론 명왕에 대한 장자의 관점은 그의 무위 사상과 무관하지 않다. 본문은 견오와 광접여의 대화 형식으로 이루어져 있다. 먼저 견오가 '왕 노릇 하는 자는 마땅히 스스로가 인의도덕을 실천하면서 백성을 교화해야 할 것'이라고 말문을 열었다.

사실 오늘날의 정치 담론에서 보편적으로 거론되는 것이 지도자의 도덕적 자질임을 감안한다면, 견오의 이 같은 지적에 감히 반론을 제기할 자는 많지 않을 것이다. 그런데 광접여의 반응이 의외이다. "그것은 거짓 덕이다."

여기서 광접여가 말하는 거짓의 함의는 자연에 대비되는 개념이다. 즉 인위적인 덕을 동원하여 백성을 교화하기는 불가능하다는 것이다. 강물을 맨손으로 파는 일이나 모기가 산을 짊어지는 것은 모두 인위적 도덕으로 백성을 교화하기란 불가능함을 비유로써 암시한 것이다. 그렇다면 장자가 제시하는 통치의 대안은 무엇인가? '자신을 바르게 하는 것'이다. 달리 말해 자신을 다스리는 것이 본本이라면, 남을 다스리는 것은 말末이다.[53]

여기까지의 논의를 요약해보면 장자는 통치행위에 있어 외형적인 다스림, 교화, 복종 등의 개념을 부정하는 듯하다. 그런데 '다스림 없이 다스리는' 행위가 어떻게 가능하겠는가? 아마도 여기에 장자가 강조하려는 무위 정치의 핵심이 들어 있는 것 같다. 장자는 기본적으로 모든 인간이 양지良知(지혜로운 마음)를 가지고 태어난다고 믿었다.〔"새와 생쥐조차 스스로의 생명을 보존하는 지혜를 갖고 태어나거늘 하물며 인간으로 이 같은 지혜가 없겠는가."(「응제왕」)〕

반면 자신의 도덕규범을 과신한 나머지, 이를 잣대삼아 백성을 교화하려는 자는 인간의 양지를 불신하는 무리다. 나아가 새의 양지는 하늘 높이 나는 것이고, 생쥐의 양지는 땅속 깊이 구멍을 파고 들어가서 사는 것이다. 즉 외견상 둘은 서로 정반대의 양지를 가지고 살아간다. 그럼에도 불구하고 새와 생쥐를 하나의 기준으로 통일하려는 것은 자연의 이치에 정면으로 배치되는 것이다. 장자의 입장에서 명왕이란 인위적인 다스림에 의존하지 않고 모든 개별 존재가 자신의 타고난 양지에 걸맞게 살아갈 수 있는 사회를 건설하는 자이다. 그러기 위해서는 일차적으로 큰 정부가 사라져야 하고, 더불어 개인의 삶에 국가적 개입이나 규제가 최소화되어야 한다. 즉 개별 존재는 자신의 타고난 성품에 걸맞게 살아가려고 노력할 따름이고, 내가 나를 이루어가는 과정에서 군주의 존재가 큰 의미 없음은 자명하다. 그로인해 명왕은 존재함 없이 존재하고, 다스림 없이 다스리는 자가 되는 것이다.

물론 혹자는 중앙정부의 적절한 통제와 개입이 사라진 상황에서 무정부적 혼란 상태가 도래할 수 있다고 염려할 것이다. 그러나 장자는 이에 대한 즉답을 피한 채 천지자연을 주시하라고 권한다. 하늘에 해와 달과 수많은 별이 걸려 있어도 서로가 충돌하는 법이 없고, 땅에는 각양각색의 꽃이 만개해 있지만 자연은 다양함으로 인해 더욱 장엄하다. 만일 권위적 군왕이 출현하여 자신의 미적 기호를 맹신한 나머지 산하대지를 온통 '빨간 장미'로 뒤덮어버린다면, 그 속에서 온전한 정신으로 살아남을 자는 아마도 많지 않을 것이다.

38. 점술의 비밀

壺子曰 吾與汝旣其文 未旣其實 而固得道與 衆雌而無雄 而又奚卵焉
호자왈 오여여기기문 미기기실 이고득도여 중자이무웅 이우해란언
而以道與世亢 必信夫 故使人得而相汝
이이도여세항 필신부 사사인득이상여

호자가 말했다. "나는 너에게 〔도의〕 껍데기를 보여주었지만 알맹이는 아직 보여주지
않았는데, 너는 참으로 도를 얻었다고 생각하는가? 암탉이 아무리 많아도 수탉이 없
으면 또 어떻게 알을 낳을 수 있겠는가? 너는 도의 껍데기를 붙잡고 세상과 겨루어서
사람들이 믿게끔 하려 했다. 그 때문에 다른 사람으로 하여금 너의 관상을 볼 수 있게
한 것이다."

Hu Tzu said, "I have already showed you all the outward forms, but I haven't yet showed you the
substance—and do you really think you have mastered this Way of mine? There may be a flock of
hens but, if there is no rooster, how can they lay fertile eggs? You take what you know of the Way
and wave it in the face of the world, expecting to be believed! This is the rason men can see right
through you.

과학기술이 아무리 발달해도 인간이 내일 일을 예측할 수 없는
한 점술은 사람 사는 사회에서 사라지지 않을 것이다. 실제로
우리가 '과학적'이라는 말을 사용할 때, 거기에는 '예측 가능함'
이라는 전제가 상당 부분 깔려 있다. 가령 기상 관측도 따지고
보면 통계적 진실과 다를 바 없다. 「응제왕」편에는 점술과 관

런된 예화가 등장하는데, 여기서 장자는 점술의 메커니즘을 샅샅이 밝히고 있다.

정나라의 계함이라는 무당은 사람의 운명을 예측하는 것이 귀신과 같았다. 그야말로 '족집게' 도사였던 모양이다. 그런데 장자의 심리 묘사가 탁월하다. "사람들이 계함을 보면 도망가기에 바빴다." 실제로 인간은 이율배반적인 마음을 가지고 있다. 즉 누구나 스스로의 미래에 대해 궁금해하지만, 정작 자신에게 그 같은 기회가 주어진다면 과연 자기 운명의 비밀을 알고자 할 자가 몇이나 되겠는가. 정나라 사람들이 계함을 보면 줄행랑을 친 이유가 바로 여기에 있다. 계함과 더불어 등장하는 다른 두 인물은 호자와 열자로서 두 사람은 스승과 제자 사이다. 그런데 호자에게 도를 배우던 열자가 어느 날 계함을 만나보고는 그의 신묘막측한 예지력에 혹해버렸다. 급기야 한번 사도邪道에 빠지고 나니 지금껏 하늘처럼 믿고 따르던 스승의 도가 하찮게 보이기 시작했다.

"처음에 저는 선생님의 도를 최고라고 생각했는데 이제 보니 선생님보다 더 뛰어난 사람이 있습니다."

설령 객관적으로 자신의 선생이 다른 사람보다 내공이 부족하다 할지라도, 동양문화권에서 이렇게 말하는 것은 제자된 도리가 아니다. 이 말 한마디로 열자의 천박한 밑천이 그대로 드러난 것이다. 이에 반해 호자의 답변이 가히 스승 노릇할 만하다.

"나는 너에게 도의 껍데기는 보여주었지만 알맹이는 아직 보여주지 않았는데, 너는 참으로 도를 얻었다고 생각하는가?"

그런데 호자가 여기서 이야기하는 도의 껍데기와 알맹이는 과연 무엇인가? 문맥으로 보자면 도의 껍데기는 세상과 겨루는 것이고, 사람들에게 인정받는 것이다. 달리 말하면 '앎'이 있는 것이다.[54] 그런데 '앎'이 있다는 것은 이 장의 주제인 '점술'과 어떻게 연결되는가? 호자에 의하면 '앎'이란 필히 상대성의 맥락에서 획득되는 것이다. 즉 나와 남, 이것과 저것의 관계성 속에서만 '앎'이 성립될 수 있다. 그런데 이것의 관점에서 본 '저것'이 저것의 관점에서는 '이것'이 되므로 앎의 실체는 있다 할지라도 있는 것이 아니다. 그럼에도 불구하고 세상 사람들은 이것이 또한 저것이 될 수 있음을 알지 못하고 논쟁을 그치지 않는다. 장자가 말하는 '앎'의 본질이 바로 이와 같은 것이다.

호자는 제자에게 계함의 점술이 신묘한가 그렇지 못한가를 평하기보다 점치는 행위 자체가 가능할 수 있는 '구도'를 언급했다. 즉 자기의 미래를 알고자 하는 사람은 '과거-현재-미래'라는 시간을 관통하는 고정불변의 '나'란 존재를 전제하고서 무당에게 나아가고, 무당은 그 '아상'에 의존하여 상대의 과거와 미래를 예측한다. 그런데 무아론적 관점에서 보자면 아상은 관념의 산물일 뿐 실재하는 것이 아니다. 비근한 예로 지금 내 눈앞의 촛불은 방금 전 존재했던 촛불이 아니다. 단지 나는 점멸이 반복되는 '그것'을 하나의 고정된 촛불로 간주할 뿐이다. 그렇게 보자면 무당이 점을 치고 미래를 예측할 수 있는 근거를 내가 이미 제공한 셈이며, 무당이 보는 것은 내 망상이 만든 '아상'이다.[55]

이 장에서 인용한 내용에는 포함되지 않았지만, 후반부에서 계함이 호자를 만나 관상을 보던 중 급기야는 혼비백산하여 도

망친다. 호자에게는 아상이 없으니 천하 없는 무당이라 할지라
도 도무지 그 상을 볼 수가 없었던 것이다. 사족이지만 장자에
게 점치는 것은 부질없는 일이다. 중요한 것은 점괘가 맞느냐
맞지 않느냐의 문제가 아니다. '세계'는 고정된 실체가 없으니,
내가 (점쟁이의 말을 듣고) 그것을 굳게 믿으면 세계는 그와 같
은 모습으로 눈앞에 현전할 수 있다. 그러나 나타났다 사라지는
것은 결국 도의 '껍데기'다. 장자는 나타나지도 사라지지도 않
는 도의 '알맹이'를 우리에게 전하고자 했다.

39. 참된 교육이란

無爲名尸 無爲謀府 無爲事任 無爲知主…… 至人之用心若鏡 不將不迎
무 위 명 시　무 위 모 부　무 위 사 임　무 위 지 주　　　지 인 지 용 심 약 경　부 장 불 영
應而不藏 故能勝物而不傷
응 이 부 장　고 능 승 물 이 불 상

명예를 주장하지 말고 모략을 간직하지 말며, 일을 떠맡으려 하지 말고 앎의 주체가
되지 말라. ……지인이 마음을 쓰는 것은 거울과도 같아서, [사물을] 보내지도 아니하
고 맞이하지도 아니하며, [상황에 무심으로] 응하되 마음속에 간직하는 법이 없다. 이
로 인해 만물을 능히 이기면서도 몸을 상하지 않는다.

Do not be an embodier of fame; do not be a storehouse of schemes; do not be an undertaker of
projects; do not be a proprietor of wisdom……The Perfect Man uses his mind like a mirror—going
after nothing, welcoming nothing, responding but not storing. Therefore he can win out over things
and not hurt himself.

노자의 『도덕경』 48장에는 다음과 같은 대목이 나온다.

爲學日益　　　　학문함은 날마다 보탬이 있고
위 학 일 익

爲道日損　　　　도를 함은 날마다 덜어내는 것이니
위 도 일 손

損之又損　　　　버리고 이윽고는 버렸다는 생각까지 버려서
손 이 우 손

以至於無爲　　　함이 없음의 경지에 이르면
이 지 어 무 위

無爲而無不爲　　함이 없으나 하지 않음이 없을 것이다
무 위 이 무 불 위

피상적 비교가 될 수 있지만 노장 사상이 유교와 다른 점은 적어도 노장의 경우 '배움學'을 강조하지 않는다는 것이다.(그런 관점에서 보면 동아시아 문화권에 널리 만연한 '교육열'은 유교의 영향 아래 조성된 것이다.) 기본적으로 노장의 주된 관심사는 개인에게 천성적으로 부여된 '성품'을 존중하고, 여기에 대한 사사로운 시비 판단을 지양하는 데 있다. 물론 이는 일견 매우 추상적이며 형이상학적 입장이다. 굳이 비유로써 설명하자면, 소나무는 소나무로서 자연이고 잣나무는 잣나무로서 자연이 된다는 논리다. 즉 소나무와 잣나무가 '자연'이 되는 비결이 소나무와 잣나무의 바깥에 있지 않다.

본문에서 장자가 제시하는 '네 가지 하지 않음'은 오늘날 우리 사회의 교육 현실에 비추어보면 하나같이 전도된 발상이다. 첫째로 장자는 명예의 주인이 되지 말라고 권고하는데, '이름'을 추구하는 것은 내가 남이 되고자 애쓰는 것이다. 설령 성인이 되는 것이 공부의 궁극적 목표라 할지라도, '내가 내가 되는 것' 바깥에 별도로 성인의 위位가 존재하는 것이 아니다. 둘째로 장자는 모략을 간직하지 말라고 전한다. 이는 타인을 교화하고 개조하려 힘쓰기보다, 사람들이 스스로의 삶을 주체적으로 도모하게끔 하라는 것이다. 부모자식 간의 관계에 빗대어 말하면, 부모의 허영심으로 자식을 양육하려 하기보다 아이가 스스로 자신의 삶을 떠안을 수 있도록 놓아두라는 의미다. 셋째는 스스로 일을 주재하려 하지 말라는 입장인데, 이는 무위자연의 섭리를 거스르는 것이다. 마지막으로 장자는 앎의 주체가 되지 말라고 주문한다. 이 부분은 자신의 사사로운 앎으로 사물을 이

리저리 재단하는 행위에 대한 비판이다.

　본문에서는 이상의 네 가지 상황을 분리해서 서술하고 있지만 근본 요지는 하나이다. 즉 그 체體가 되는 것은 비움(허虛)이며, 용用으로 따라오는 것은 무심으로 사물에 응함이다. 비움은 '인위적으로 도모함이 없는 것'이요, 응함은 '하지 않음이 없는 것'이다. 장자의 논리를 따르자면 '네 가지 하지 않음'의 원리에 입각하여 자신을 다스려나갈 때, '나'는 만물 위에 군림하나 자신의 몸을 상하지 않는다. 그런데 우리 사회의 학교 교육이 여기서 제시한 장자의 명제를 수용할 수 있을지 의문이다. 결국 그것이 리더십에 대한 상이한 시대적 인식에서 비롯된 것인지, 아니면 우리 교육의 일그러진 자화상에 대한 방증인지를 확인하기 위해서는 다소간의 시간을 필요로 할 듯하다.

40. 생명의 본질(2)

南海之帝爲儵 北海之帝爲忽 中央之帝爲混沌 儵與忽時相與遇於混沌之地
남 해 지 제 위 숙 북 해 지 제 위 홀 중 앙 지 제 위 혼 돈 숙 여 홀 시 상 여 우 어 혼 돈 지 지
混沌待之甚善 儵與忽謀報混沌之德 曰人皆有七竅以視聽食息 此獨無有
혼 돈 대 지 심 선 숙 여 홀 모 보 혼 돈 지 덕 왈 인 개 유 칠 규 이 시 청 식 식 차 독 무 유
嘗試鑿之 日鑿一竅 七日而混沌死
상 시 착 지 일 착 일 규 칠 일 이 혼 돈 사

남해의 왕은 숙이고 북해의 왕은 홀이며 중앙의 왕은 혼돈이라. 숙과 홀은 때때로 혼돈
의 땅에서 만났는데 혼돈이 그들을 심히 잘 대접했다. 숙과 홀이 혼돈의 덕에 보답하고
자 [서로] 상의하여 말하되, "사람들은 모두 [얼굴에] 일곱 개의 구멍이 있어 보고 듣고
맛보고 숨쉬는데, 혼돈만이 유독 구멍이 없으니 시험삼아 구멍을 뚫어주도록 하자."
[그리하여] 하루에 하나씩 구멍을 뚫었더니 칠 일만에 혼돈이 죽고 말았다.

The emperor of the South Sea was called Shu [Brief], the emperor of the North Sea was called Hu
[Sudden], and the emperor of the central region was called Hun-tun [Chaos]. Shu and Hu from time
to time came together for a meeting in the territory of Hun-tun, and Hun-tun treated them very
generously. Shu and Hu discussed how they could repay his kindness. "All men," they said, "have
seven openings so they can see, hear, eat, and breathe. But Hun-tun alone doesn't have any. Let's
trying boring him some!" Every day they bored another hole, and on the seventh day Hun-tun died.

'시작 없이 시작된'『장자』라는 신묘막측한 세계로의 탐험이 이
번 장에서 일단락된다. 인용한 본문은 『장자』 내편의 결론부이
기도 하다. 이 책의 첫 장은 「소요유」에서 곤이 붕새로 화하여

푸른 창공 높이 비상하는 대목을 생명의 본질과 연결지어 풀어
내고자 했다. 그런데 이 책의 마지막 장이 또한 장자의 생명사
상과 무관하지 않다. 주역으로 말하자면 일태극이 64괘로 펼쳐
져 현란한 우주의 모습으로 눈앞에 펼쳐졌다가 다시 일태극으
로 수렴되는 과정이다.

　본문에서 남해의 숙과 북해의 홀은 생명의 '찰나'적 상태에
대한 비유이다. 즉 존재하는 모든 생명이 한 생각 일어나면서
생生했다가, 한 생각 사라지면서 멸滅한다는 의미다. 그런데 숙
과 홀이 반드시 혼돈의 땅에서 서로 만난다고 했으니, 그 함의
를 추론해보자면 생명은 생사가 본래 없는 텅 빔(중앙中央)에서
비롯된다는 암시인 듯하다. 지금까지 여러 차례 지적했듯 생멸
은 상호의존적 개념으로 세간법에 해당한다. 즉 생에 의존해 멸
이 있고 멸에 의존해 생이 있는 것이다. 달리 말해 생은 '생 아
닌 것'과의 차이를 경유하여 비로소 우리의 인식 체계로 포섭될
수 있다. 그렇게 보자면 모든 개념적 인식은 본질상 '차별적 인
식'이다. 그런데 본문에 등장하는 혼돈은 차별이 끊어진 경지
다. 차별이 사라졌으니 동서남북이라는 구체적 방위 개념으로
포섭해낼 재간이 없는 것이다. 그렇다고 혼돈이 일체 생명작용
이 소멸된 텅 빈 공적空寂은 더더욱 아니다. 왜냐하면 혼돈으로
인해 남해의 숙과 북해의 홀이 비로소 존재할 수 있기 때문이
다. 말하자면 스스로 한정된 모습을 가지지 않으면서 다른 모든
것을 존재하게 해주는 그 어떤 것을 장자는 혼돈이라 칭했다.[56]

　엄밀히 말해 장자가 이 우화에서 문제삼는 것은, 인간의 개념
적 인식이 존재의 본질을 비틀고 있다는 사실이다. 장자는 혼돈

의 비유를 통해 그 규정될 수 없는 존재의 본질을 드러내고자 했다. 그러나 인간이 혼돈을 인식하기 위해서는 그 혼돈조차 다시 개념화되어야 한다. 이것이 '혼돈이 죽임을 당한다'는 우화의 함의이다. 그런데 혼돈의 죽음으로 모든 생명현상이 단절되었는가? 앞서 논의한 하도-낙서의 구도에 비추어보자면, 혼돈의 죽음은 본체의 영역(하도)에서 현상세계(낙서)로의 이행을 암시한다. 그런데 하도의 완전수 10이 낙서에서 소멸되면서, 대신 서로 마주한 숫자 상호간의 관계성을 통해 완전수가 자신의 모습을 다시 드러내지 않았던가?(18장 「숫자의 상징」 참조)

그렇게 보자면 항상 변화하는 현상세계와 한순간도 움직임이 없는 본체의 영역이 체-용의 논리처럼 서로 맞물려 있음을 인식하는 것이 필요할 것이다. 물론 변화와 불변이라는 대립적 구도에서 생명의 본질을 양자 중 어느 한편과 일방적으로 결부시키는 것은 적절치 않다. 그럼에도 불구하고 생멸을 상징하는 숙과 홀이 혼돈의 영역에서 서로 만났음을 상기하는 것은 중요하다. 즉 현상계의 모든 찰나적 계기는 본질상 생사를 넘어선 혼돈의 영역과 맞닿아 있다.(여기서 혼돈의 영역이라 함은 굳이 개념적 언어로 치환해 말하자면 '영원'이다.) 장자 사상에 의거하면 순간에서 영원을 보아내는 것은 순전히 '나'의 문제이다. 내가 눈을 한 번 뜨면 세계가 나타났다가, 눈을 감으면 세계가 일순간 사라진다. 그렇다고 세계가 진실로 생겨났다가 사라진 적은 없다. 결국 관건은 세계가 변화하는가, 내 마음이 변화하는가이다.

끝으로 「응제왕」의 '혼돈 이야기'는 「소요유」의 '생명의 탄

생'을 한편에서 예비하고 있다. 이렇듯 일곱 편의 구성 또한 처음과 끝이 서로 이어지면서, 장자 이야기는 하나의 원이 되어 영원히 돌아간다.

일원상—圓相은 불교에서 중생이 본래 가지고 있는 불성佛性을 상징하는 것인데, 성불하고자 마음 먹은 그 순간이 궁극적 깨달음의 경지와 분리돼 있지 않으니 결국 시작과 끝이 서로 맞닿아 있는 것이다.

장자와 종교적 순간들

인류 역사에서 종교가 출현한 시점이나 배경을 실증적으로 추적해 고증하기란 쉽지 않다. 무엇보다 '종교'의 개념적 함의가 시대와 문화권에 따라 일정치 않고, 하나의 특정한 종교 발생론 가설을 뒷받침할 수 있는 객관적 물증 확보도 현실적으로 용이하지 않기 때문이다.

그러한 의미에서 보자면 이 책이 다루는 주제는 기존의 종교(학)라는 경직된 틀과 원만하게 융합되기 어려울 것이다. 그러나 내가 주목하고자 하는 것은 오히려 논리정연하게 정비된 그 '틀'에서 벗어나고자 하는 일종의 원심적 충동이다. 즉 이 책의 관심사는 제도적이고 교조화된 종교가 아니라, 우리가 일상에서 무심하게 수용하는 세속적 가치들을 순간순간 해체하고 비우고자 하는 어떤 정신적 충동이다. 이를 편의상 종교의 기원이 되는 '종교성'이라고 명명한다면, 교리화된 제반 종교 담론은 '종교성'의 모체에서 태어난 적자가 되는 셈이다. 이로부터 어머니와 자식, 근원과 현전, 본질과 현상, 무와 유 상호간의 치열한 투쟁과 갈등이 시작된다. 주목할 만한 것은 둘 사이의 내적 긴장성에도 불구하고 외적으로 양자가 언제나 '공모'의 형태를 취한다는 점이다. 『장자』라는 텍스트에는 이 두 가지 상충된 충동이 하나로 녹아 있다. 이 절묘한 '겹쳐짐'의 순간을 장자는 문학적 비유로 예시한다.

> 옛날에 장주가 꿈에 나비가 되어 경쾌하게 〔날개를〕 펄럭이며 스스로 흡족해하거늘 자기가 장주인지 알지 못했더라. 불현듯 꿈에서 깨니 갑자기 장주였던지라. 알지 못하겠구나, 장주가 꿈에 나비가 된 것인가, 나비가 꿈에 장주가 된 것인가. 장주와 나비 사이에는 필경 구분이 있을 것이니 이를 물화라 일컫는다.

만일 장주가 꿈에서 깨어나는 순간 '나비'가 본래 없었던 허구로 전락해버린다면, 장자는 종교와 종교성의 대립에서 암묵적으로 전자의 손을 들어준 셈이 된다. 그러나 이 우화에서는 꿈 속의 나비도 꿈을 꾼 장주도 모두 상상된 '페르소나persona'로 남아 있을 뿐 어느 누구도 주체의 위치를 점할 수 없다. 그렇다면 그 실체 없는 허깨비를 '인식'하는 근원적 '나'는 누구인가?

종교와 종교성의 '대립'과 '공모'라는 모순된 관계성은 '나'의 문제를 떠나서는 적절히 사유될 수 없다. 장주호접몽莊周胡蝶夢 우화는 이 같은 유형의 제반 관념적 인과성을 근원에서 차단한다.『장자』라는 불세출의 고전은 장주와 나비의 구분을 통해 둘을 함께 '죽이'면서 궁극에는 양자 모두를 '살려'내기 위한 방편이다. 왜 둘을 죽이는가? 분별이 환상이고 고통이기 때문이다. 그렇다면 왜 둘을 다시 살리는가? 환상과 고통이 소멸한 자리에서 장주와 나비는 '함이 없는'(무위無爲) 자재함으로 거듭나기 때문이다. 여기서 내가 사용하는 '종교성'은 우리의 이분법적 사유에 기대어, 나타나는 순간 동시적으로 소멸하는 그 겹쳐진 지점을 의미한다.

『장자』에서 현란하게 장식된 언어유희는 일종의 '환상의 성城'이다. 우리가 그 외형적 화려함에 주목할 때『장자』는 위대한 문학이 된다. 그 문학의 성으로 들어갔을 때 우리는 무엇을 보는가? 아마도 문학적 비유의 참된 의미가 말을 넘어서 있음을 인식하게 될 것이다. 그러나 그 누구도 언어라는 표상을 떠나 언어의 바깥을 볼 수는 없지 않은가? 더 나아가 말 밖의 의미를 탐구하기 위한 모든 시도는 본질상 다시 언어의 영역으로 귀속될 공산이 크다.[57] 따라서 이 책은『장자』에서 구축과 해체가 겹쳐진 극적인 순간들을 포착하여 이를 온전히 전달하고자 노력했다. 원심성과 구심성의 끊임없는 순환 너머에 있는 그 무엇을, 장자도 나도 다른 어느 누구도 언어적으로 제시할 수는 없다. 그 비어 있는 공간을 채우는 것은 언제나 지금, 여기 실존하는 '나'의 몫이다. 그 과정의 반복을 통해 인간은 정신적으로든 종교적으로든 한 단계 고양되는 체험을 하게 될 것이다.

인문학은 구체적이고 명료한 것을 지향할 수 없다. 모호하고 불투명하며 과학적으로 결코 증명할 수 없는 존재의 본질을 중국의 시인 도연명陶淵明은 자연의 한 '순간'에서 섬광처럼 포착해냈다. 「음주飮酒」라는 시를 보자.

> 사람 사는 마을에 집 지었으나
> 수레와 말의 시끄러움 없네
> 그대에게 묻노니 어찌 그럴 수 있는가
> 마음이 세속과 머니 땅이 절로 궁벽하다오
> (중략)
> 산 기운은 아침저녁으로 아름답고
> 나는 새는 서로 더불어 돌아오네
> 이 사이에 참다운 뜻이 있으니
> 말하고자 하나 이미 할 말 잊었네.

이 시는 마지막 구절이 압권이다. "이 사이에 참다운 뜻이 있으니 말하고자 하나 이미 할 말 잊었네." 존재의 참다운 진리가 드러난 그 장엄한 순간을 어찌 가히 말로 전할 수 있겠는가? 그리하여 시인은 말을 포기함으로써 도리어 그 참된 의미를 살려냈다. 사족이지만 도연명이 '말할 수 없다'라고 함은 과연 말을 한 것인가, 말하지 않은 것인가? 시어詩語의 모호함처럼 장자 또한 어쩌면 침묵과 발화의 그 아슬아슬한 경계를 넘나들며 독자에게 존재의 진실을 드러내고자 한 듯하다.

***

이 책 『장자, 순간 속 영원』은 여러 사람의 도움으로 세상에 모습을 드러내게 되었다. 우선 집필을 위해 물심으로 도움을 준 연세대학교 인문학연구원, 투박한 문체를 매끄럽게 다듬어준 문학동네 인문팀, 그리고 월전 장우성 선생님의 귀한 그림을 사용할 수 있도록 배려해준 '이천시립월전미술관'에 깊이 감사를 드린다. 더불어 시간에 쫓기며 원고를 집필하느라 하루가 멀다 하고 밤늦게 귀가할 때마다 따뜻하게 반겨준 가족들에게 고마움을 전한다. 끝으로 나는 장자 이야기를 통해 '마음'이 아픈 주변의 많은 분들이 위로받을 수 있기를 희망한다. 이 책을 '애통하는 자'들에게 바친다.

1 「덕충부」에서 혜자는 장자에게 '인간이면서 어찌 감정이 없을 수 있겠는가'라고 반문한다. 그런데 장자가 '인간은 감정이 없다'라고 했을 때 그 감정은 자연의 도리에 위배되는 사사로운 인간의 기질이나 행위적 충동을 가리키는 것이다. 부연설명하자면 인간이 스스로 외부대상에 대한 시비의 기준을 정하고 이 같은 호오好惡의 감정으로 외물外物과 접하는 것은 모두 자연의 도리에 위배되는 것이다. 자연에 존재하는 것으로 어찌 아름다움과 추함, 옳음과 그름의 차별이 있겠는가? 이 같은 구분은 모두 인간의 사사로운 감정에서 비롯된 것이니 진실된 자연의 본성과는 동떨어진 것이다. 봄이 되어 산하대지에 봄기운이 만연하면 하늘 아래 봄 아닌 것이 없을 것인데 어찌 '이것'만을 봄이라 하고 '저것'은 봄이 아니라 하겠는가. 결국 여기서 말하는 '무정無情'의 논리는 노장의 무위자연無爲自然 사상을 달리 표현한 것이다.

2 『장자』는 내편內篇 7편, 외편外篇 15편, 잡편雜篇 11편으로 구성되어 있는데, 총 33편 중 내편이 장자의 근본 사상을 가장 잘 담아내고 있다.

3 참고로 이 책에서 『장자』 영어본은 서구에서 가장 권위 있는 버턴 왓슨Burton Watson의 판본에서 발췌 인용했다. *Chuang Tzu: Basic Writings*, tr. by Burton Watson, New York: Columbia University Press, 1964.

4 오염된 현상 세계를 지칭하는 불교적 개념.

5 대표적인 사례가 「응제왕」(제7편)에 등장하는 '혼돈 이야기'일 것이다. 이

우화는 그 함의가 풍부하여 수십 가지 다른 관점에서 해석이 가능하다. 이 책에서도 혼돈의 개념을 내가 논하고자 하는 주제의 관점에 따라 여러 가지 다양한 방식으로 풀어냈다.

6 만물이 서로 어우러져 존재하는 현상세계의 모습.

7 '물화'는 장자 철학에서 언어적으로 지시할 수 있는 것의 궁극적 경지다. 변화가 자연의 본질이고 개념화된 언설이 본질에 대한 비자연적 가정이라면, 언어적 기호를 통해 그 궁극적 경계를 표상하기 위해서는 반드시 말의 의미를 넘어서 있는 '이름'에 기댈 수밖에 없다. 그렇게 보자면 '물화'는 일종의 방편적 언설이며 기의가 부재하는 기표이다.

8 중국 현대문학의 대부인 루쉰은 「광인일기」에서 자국의 전통을 '식인주의'로 규정했다. 여기서 식인주의란 인의도덕이란 명분하에 인간의 존엄성을 억압 혹은 박탈한다는 의미다. 문제는 당시 5·4운동기 지식인들이 자신의 전복적 사상을 정당화하기 위한 방편으로 자국의 전통을 '타자화'시키고 있다는 점이다. 본문에서는 이를 '전유'의 개념으로 설명했다.

9 물론 이 같은 주장은 장자 철학의 사후적 전용이다.

10 유식唯識의 관점으로 치환해 말하자면, 내가 대상 사물을 특정한 방식으로 읽어내는 것은 대상 사물에 의해 내가 읽혀지는 계기와 본질상 다르지 않다. 대상 인식은 나의 인식 주관이 대상에 투사되어 현전한 것으로, 나는 눈앞의 대상을 통해 내 마음을 읽는다.

11 '우언'은 비유나 상징 등 간접적인 방법으로 뜻을 전하는 것이며, '중언'은 자기의 주장을 예부터 전해오는 권위자의 주장인 양 꾸며서 상대에게 전달하는 것이고, '치언'은 자기 자신의 견해를 가지지 않으면서 그때그때 기분 내키는 대로 말하는 것을 말한다.

12 '차연différance'은 데리다가 만들어낸 용어로 '차이의 연속으로 말미암은 의미의 영원한 연기'라는 뜻으로 쓰인다. 이상섭, 『문학비평 용어사전』, 민음사, 2001, 337쪽 참조.

13 노장 철학은 흔히 우주를 '풀무' 혹은 '피리'에 비유한다. 우리가 우주를 하나의 생명현상으로 상정할 경우, 생명의 본질은 가운데가 비어 있다. 이것이 빈 부대와 피리가 우주의 상징이 되는 근거이다. 인체도 해부학적으로

살펴보자면 입에서 항문으로 이어지면서 그 가운데가 비어 있다.

14 시간적으로 우주의 기원을 '태초'로 설정할 경우, 우리의 관념은 항상 그 태초 이전을 상상해낼 수 있고, 이로 인해 어떠한 과거의 시간도 진정한 기원이 될 수 없다. 이는 시간을 과거-현재-미래로 분리해 사유하는 인간의 시간관념에 대한 해체이다.

15 우리가 감각적으로 확신하는 제반 경험적 사실이 실제에 있어 가장 허구적임을 지칭하는 개념. 일례로 '달다'라는 미각적 인식은 주어진 상황에 따라 수시로 변할 수 있다.

16 존재하지 않는 것을 '실재'로 간주하는 것을 불교에서는 편계소집성遍計所執性이라고 지칭한다. 이로부터 관념의 상相이 생기면서 집착과 분별이 수반되는 것이다.

17 가령 '긴 것'에 대한 인식은 '짧은 것'과의 차이에 의해서만 가능하다.

18 불교나 유교에서는 실체론이나 해체론을 사유의 양극단으로 파악하며, 양자가 공히 인식상의 오류를 범하고 있다고 주장한다. 유교에서 중용의 도가 '가장자리를 떠나 있으나 가운데를 점하지도 않는離邊非中' 연고가 그것이며, 유사한 사례를 『금강경』의 '즉비卽非' 논리에서도 발견할 수 있다. 如來說世界, 非世界, 是名世界.("여래가 세계라고 하는 것은 세계가 아니므로 세계라고 불린다."「여법수지분」) 여기서 명제의 첫번째 부정인 '비세계'는 실체론적 사유를 넘어서는 것이다. 즉 세계가 있지 않다.(혹은 세계에는 세계를 규정하는 어떤 속성도 내재하고 있지 않다.) 그러나 다시 비세계는 세계라고 불린다. 즉 세계가 없음도 없다.(혹은 세계가 있지 않음도 있지 않다.) 현대 서구철학의 관점에서 볼 때 전자('비세계非世界')는 본질주의적 시각에 대한 비판으로, 후자('시명세계是名世界')는 해체주의적 사유에 대한 비판으로 각각 유효하다.

19 불교의 체體·상相·용用의 논리를 여기에 적용해보는 것도 가능할 듯하다. 즉 '지인'은 근본이며 바탕이니 체(본체)에 해당하고, '성인'은 이름 및 명예와 관련되니 상(속성)과 연결지을 수 있고, '신인'은 공능을 지시하니 용(작용)과 무관하지 않다.

20 땅의 흙을 파면서 생겨난 공간을 여기서는 '하늘'에 비유했다. 즉 땅 속으

로 들어가는 만큼 하늘이 생긴다.

21 「요한복음」 1:1의 다음 구절과 비교해보라. "태초에 말씀이 계셨다. 그 말씀은 하나님과 함께 계셨다. 그 말씀은 하나님이셨다."(성경 본문은 '표준 새번역'판 참조)

22 이론상 어떤 사물이 무에 대비되는 실재^{the Real}가 되기 위해서는 적어도 다음 두 가지 조건을 충족시켜야 할 것이다. 첫째는 독립적으로 존재할 수 있어야 하며, 둘째로는 불변적이어야 한다. 그런 의미에서 상대적으로 조건 지어진 모든 사물은 그 본질이 무이다.

23 '아만'은 불교적 개념으로 자기를 자랑하고 남을 업신여기는 마음을 지칭하며, '아상'은 '자아가 실체로서 존재한다'는 (망상적) 사유를 지칭한다.

24 어찌 보면 이러한 논리로부터 공자의 정명正名 사상이 등장하는 것이다. "자로가 물었다. '위나라의 임금이 선생님을 기다려서 함께 정치를 하고자 한다면, 선생님께서는 장차 무엇을 먼저 하시겠습니까?' 공자께서 말씀하셨다. '반드시 이름을 바로 잡겠다.'"(『논어』 중 「자로」)

25 세간과 출세간은 각기 현상세계와 초월세계를 지칭한다.

26 『주역』의 「계사전」에는 다음과 같은 구절이 등장한다. "이런 까닭으로 역에 태극이 있으니, 태극이 양의를 낳는다.易有太極 是生兩儀" 그런데 여기에서 역에 태극이 있고, 태극이 양의(음과 양)를 낳는다고 할지라도 역과 별도로 태극이 있다거나 태극과 별도로 음양이 있음을 의미하는 것은 아니다. 음양이란 태극의 작용적 측면을 지칭할 따름이며, 양자(음과 양)는 둘이면서 하나이다.

27 구류철학이란 춘추전국시대를 배경으로 하여 등장한 대표적 사상유파를 지칭한다. 구체적으로는 유가儒家, 도가道家, 묵가墨家, 법가法家, 음양가陰陽家, 명가名家, 종횡가縱橫家, 잡가雜家, 농가農家가 여기에 해당한다.

28 마명보살, 『대승기신론』.

29 가령 우리에게 '소금'은 흰색에다 입방체이고, 맛이 짜며, 바닷물에 녹아 있고 등등의 여러 개념이 결합된 그 어떤 것으로 인지된다. 그러나 이 모든 개념의 조합 속에 '소금'이 실재하지 않는 것은 자명하다.

30 공손룡에 의하면 '말'은 '일반적 범주'를 가리키는 개념이며, '흰말'은 그 가

운데 특정한 무리를 지칭하는 개념이니 양자가 개념적으로 동일시될 수 없다.

31 여기서 제기하는 가설은 사실적 차원에서 '한민족이 단일민족인가 아닌가'라는 주장과는 무관하다. 나의 경우 민족서사의 정치적 함의를 탈신비적 관점에서 성찰해보고자 할 뿐이다.

32 다소 신비주의적 사유로 비칠 수 있겠으나, 노장을 포함한 동양적 사유에서는 체體가 바로 서면 용用은 저절로 따라오는 것으로 본다. 뿌리가 튼실하면 가지와 잎은 저절로 무성해진다.

33 참고로 한의학에서 사용하는 '독맥'은 위치만 있을 뿐 구체적인 형체는 없다.

34 장자는 종종 일상에서의 범속한 대상에 빗대어 숭고한 진리를 드러냈다. 즉 우리가 은연중 성聖과 속俗을 이분법적으로 나누어 사유하는 경향이 있다면, 장자는 속을 통해 성을 드러냄으로써 의도적으로 성과 속의 이분법적 사유를 해체한다. 혹자는 이 같은 장자 사상이 후세 중국의 선종禪宗에 영향을 끼쳤으리라 추정한다. 참고로 다음의 대화를 보라. 운문 스님에게 어떤 중이 물었다. "어떤 것이 부처입니까?" "마른 똥 막대기니라."(『무문관』, 「운문시궐」 중)

35 중국 문화의 사유논리를 고찰함에 있어 하도河圖와 낙서洛書는 매우 중요한 단초를 제시한다. 하도는 용마龍馬의 등에 적힌 그림을 보고서 복희씨가 우주의 원리를 제시한 것이라고 하며, 낙서는 낙수洛水에서 신령한 거북이 지고 나온 그림을 우 임금이 풀이한 것이라고 전해진다. 하도와 낙서의 유래에 관해서는 다양한 가설이 존재하는데, 이와 관련해서는 다음 논문을 참조하라. 문재곤, 「하도, 낙서의 형성과 개탁」, 『주역의 현대적 조명』, 한국 주역학회 편, 범양사, 1992.

36 하도에 의하면 우주 만물은 1에서 10까지의 10개 수 안에 존재한다. 김석진, 『대산 주역 강의』 1권, 한길사, 1999, 90쪽.

37 문자적으로는 '크게 넓힌 수'라는 의미다.

38 사상의 분류방식과 사상수에 관해서는 다음 설명을 참조하라. 김석진, 같은 책, 92-93쪽.

39 이에 대한 설명은 다음을 참고하라. 박재주, 「대대와 상보적 사유」, 『주역

의 생성논리와 과정철학』, 청계, 1999.

40 중국 수리 철학과 관련된 보다 자세한 논의를 위해서는 다음을 참조하시오.
정진배, 『'탈'현대와 동양적 사유논리』, 차이나하우스, 2008, 244-255쪽.

41 혹은 9와 10을 각각 양수와 음수의 극한으로 파악하는 것도 가능하다.

42 본문에서 '하늘'의 함의가 다소 모호하나 나는 전체 맥락을 고려하여 '선천
적으로 타고난 외발' 정도로 해석했다.

43 「양생주」의 도입부에서 장자는 근명近名(명예를 추구함)과 근형近刑(세속
적 욕망을 추구함)이 둘이면서 하나임을 밝혔다.

44 성서에 나오는 '산상설교'의 다음 내용과 비교해보라. "마음이 가난한 사람
은 복이 있다. 하늘나라가 그들의 것이다."(「마태복음」 5:3)

45 믿음이 사랑이며 소망이 사랑이므로, 결국은 '믿음=소망=사랑'이 된다.

46 이와 관련된 전문을 인용하면 다음과 같다. "내가 받은 여러 가지 엄청난
계시 때문에, 사람들이 나를 과대평가할지도 모릅니다. 그러므로 주께서는
내가 교만하지 않게 하시려고, 내 몸에 가시를 주셨습니다. 그것은 사탄의
하수인이라고 할 수 있는데, 그것으로 나를 치셔서, 나로 하여금 교만하지
않게 하려 하신 것입니다. 나는 이것을 두고 이것이 내게서 떠나게 해달라
고 세 번이나 주님께 간구하였습니다. 그러나 주께서는 '내 은혜가 네게 족
하다. 내 능력은 약한 데에서 완전하게 된다' 하고 말씀하셨습니다. 그러므
로 그리스도의 능력이 내게 머무르게 하려고, 나는 더욱더 기쁜 마음으로
내 약점들을 자랑하려고 합니다. 그러므로 나는 그리스도를 위하여 병약함
과 모욕과 궁핍과 박해와 곤란을 겪는 것을 기뻐합니다. 그것은 내가 약할
그때에, 오히려 내가 강하기 때문입니다."(「고린도후서」 12:7-10)

47 내성과 외왕은 유교와 도교에서 공히 사용되는 개념으로, 전자는 내적으로
성인의 덕이 충만한 것을 지칭하고, 후자는 그 내적인 덕이 자연스럽게 외
부로 발현되어 천하를 화평하게 통치함을 암시한다.

48 아리스토텔레스 이래 서양 형식논리학의 중요한 세 가지 원칙은 동일률,
모순율, 배중률이다. 동일률이 "A는 A이다"라는 논리라면 모순율은 "A는
A인 동시에 not-A일 수 없다"라는 원리다.

49 장자가 제시하는 진인의 전범은 자연이다. 자연은 봄의 기운으로 만물을

살리기도 하지만 가을의 기운으로 만물을 죽이기도 한다. 그러나 죽이고 살리는 것이 때時의 당연함에 부합될지언정, 죽이고 살리는 자체에 방점이 놓여 있지 않다. 앞서 말한 진인의 좋아하고 좋아하지 않음도 동일한 맥락에서 이해하면 큰 문제가 없을 것이다.

50 이를 장자는 '무언지교無言之敎'라 칭한다.

51 본문에서 장자는 '예'를 논하면서 유가에서 말하는 '극기복례克己復禮'로서의 예의 기본 개념을 간접적으로 시사하고 있다.

52 노자 『도덕경』 1장의 다음 구절은 부정어법의 대표적 사례이다. "말로 할 수 있는 도는 늘 그러한 도가 아니다."

53 유교에서는 이를 '내성외왕內聖外王'(내적으로 수신이 되면, 자연스럽게 외적으로 명왕이 된다)이라고 했다. 이 점에 있어서는 노장과 유교 사상이 유사하다.

54 한자에서 '앎'을 뜻하는 '지知'는 화살矢과 방패口가 결합된 글자로서 다분히 전투적 의미가 내포돼 있다. 즉 자신의 '앎'을 가지고 남과 겨루며 투쟁하는 것이다.

55 '암탉은 수탉이 있어야 알을 낳는다'는 비유를 여기에 대입시키면, 암탉과 수탉은 '무당'과 이상을 가진 '나'를 각기 지칭하며, '알'은 이 같은 상대적 구도에서 인위적으로 성립되는 '앎'(점괘)을 지시한다.

56 여기서 장자가 사용하는 혼돈을 '질서'에 대비되는 개념으로 파악하는 것은 적절치 않다. 그렇게 추론한다면 '존재의 본질=무질서'라는 이상한 등식이 성립되고 만다

57 공자는 '앎'의 의미를 '아는 것을 아는 것'과 '모르는 것을 아는 것'으로 규정했다. 어찌 보면 '모르는 것을 안다'는 것은 이미 무지無知가 지知의 영역으로 전이되어 들어온 것이다. 진정한 '알 수 없음'은 '모른다'는 인식조차 넘어선 것이며, 이러한 경계를 잠정적으로 장자에서의 '종교적 순간'과 등치시켜볼 수 있을 것이다.

위대한 순간 002
장자, 순간 속 영원

초판 1쇄 인쇄 2013년 2월 18일
초판 1쇄 발행 2013년 2월 28일

지은이 —— 정진배
펴낸이 —— 강병선

책임편집 —— 김영옥
편　집 —— 이정옥 송지선 허정은 고원효
디자인 —— 장원석
저작권 —— 한문숙 박혜연 김지영
마케팅 —— 신정민 서유경 정소영 강병주
온라인 마케팅 —— 김희숙 김상만 이원주 한수진
제　작 —— 서동관 김애진 임현식
제작처 —— 한영문화사

펴낸곳 —— (주)문학동네
　　　　 1993년 10월 22일 제406-2003-000045호
　　　　 주소·413-756 경기도 파주시 문발동 파주출판도시 513-8
　　　　 전자우편·editor@munhak.com
　　　　 대표전화·031)955-8888　팩스·031)955-8855
　　　　 문의전화·031)955-8890(마케팅), 031)955-1905(편집)
　　　　 문학동네 카페·http://cafe.naver.com/mhdn

ISBN 978-89-546-2064-2　03150

* '위대한 순간'은 연세대학교 인문학연구원과 문학동네가 협력해 펴내는 인문교양 총서입니다.

이 도서의 국립중앙도서관 출판시도서목록(CIP)은 e-CIP홈페이지(http://www.nl.go.kr/ecip)와
국가자료공동목록시스템(http://www.nl.go.kr/kolisnet)에서 이용하실 수 있습니다.
(CIP 제어번호 : CIP2013000785)

www.munhak.com